Weisheiten aus Jahrtausenden

Hinweis des Herausgebers

Das vorliegende Buch, das 1940 erstmals veröffentlicht wurde, informiert über Methoden der Persönlichkeitsentwicklung, die auf alten Traditionen und persönlichen Erfahrungen der Autorin beruhen. Wer sie anwendet, tut dies in eigener Verantwortung. Der Herausgeber beabsichtigt nicht, Diagnosen zu stellen oder therapeutische Ratschläge zu geben. Die nachstehend beschriebenen Methoden sind keinesfalls als Ersatz für professionelle therapeutische Behandlung bei psychischen oder gesundheitlichen Problemen zu verstehen.

Florence Scovel Shinn

Die verborgene
Tür zum Erfolg

✸ The Secret Door to Success ✸

aus dem Amerikanischen von

Günter W. Kienitz

Alle Rechte der Verbreitung durch Schriften, Fernsehen, Funk, Film, Video, und fotomechanische oder digitale Verfahren sowie durch zukünftige Medien und für die Übersetzung sind vorbehalten.

Florence Scovel Shinn: Die verborgene Tür zum Erfolg

Titel der Originalausgabe: The Secret Door to Success

1. Auflage: August 2016

© 2016 by Günter W. Kienitz

Internet: weisheiten-aus-jahrtausenden.de

Bibliografische Information der Deutschen Nationalbibliothek:

Die Deutsche Nationalbibliothek verzeichnet diese Publikation in der Deutschen Nationalbibliografie; detaillierte bibliografische Daten sind im Internet über http://dnb.dnb.de abrufbar.

Umschlaggestaltung: Bettina Kienitz
unter Verwendung des Bildes *Gartentor in Vetheuil* von Claude Monet

Herstellung und Verlag: BoD – Books on Demand, Norderstedt

ISBN: 978-3-7412-2291-7

Inhaltsverzeichnis

Über dieses Buch..7
Die verborgene Tür zum Erfolg..9
Ziegelsteine ohne Stroh..16
Fünf aber von Ihnen waren klug...24
Was erwarten Sie?..32
Der lange Arm Gottes...38
Die Weggabelung..45
Durchqueren Sie Ihr Rotes Meer...52
Der Wächter am Tor...59
Der Weg der Fülle..66
Ich werde niemals Mangel leiden...72
Siehe und staune..80
Holen Sie Ihr Gutes ein..88
Flüsse in der Wüste..94
Die tiefere Bedeutung von Schneewittchen 100
Über die Autorin..104

Über dieses Buch

„Jeder ist seines eigenen Glückes Schmied." Dieses Sprichwort haben Sie sicher nicht nur einmal im Leben gehört. Irgendwie klingt es richtig, aber irgendwie auch nicht. Richtig klingt es, weil es richtig ist, und nicht richtig klingt es, weil uns niemand beigebracht hat, wie das mit dem Schmieden funktioniert und wie man zum Schmied seines eigenen Glücks wird. Doch ohne dieses Wissen vermittelt das Sprichwort zwar eine Weisheit, aber eine, die zu glauben uns alleine nicht wirklich weiterbringt.

Warum haben manche Leute Erfolg, so viele andere aber nicht? Dieser Frage geht Florence Scovel Shinn auch in diesem, ihrem dritten, Buch nach, das 1940 kurz vor ihrem Tod erschien und das Tom Butler-Bowdon zu den 50 wichtigsten Klassikern[1] der Erfolgsliteratur zählt.

Erfolgreiche Menschen unterscheiden sich von erfolglosen im wesentlichen in einem Aspekt: ihrem Denken. Wenn Ihnen diese Aussage auf den ersten Blick sonderbar, gewagt oder schlicht verrückt erscheint, fragen sie einen x-beliebigen Spitzensportler. Er wird ihnen bestätigen, dass neben der körperlichen Fitness vor allem Denkprozesse über Sieg oder Niederlage entscheiden – und der Glaube an sich selbst.

Ein Sportler, der sich nicht selbst lange vor dem Wettkampf vor seinem inneren Auge auf dem Siegertreppchen stehen sieht, wird es auch nie betreten.

Wie denkt man, um ein erfolgreiches Leben zu führen? Das hat Florence Scovel Shinn vor einem Dreivierteljahrhundert Erfolgssuchenden in einer Vortragsreihe vermittelt. Den Inhalt dieser kurzen Vorträge hat sie in diesem Buch zusammengefasst.

---

1   Tom Butler-Bowdon: 50 Klassiker des Erfolgs (2005)

Um ihre Aussagen zu illustrieren, greift die Autorin auf Anekdoten aus dem eigenen Leben und dem erfolgreicher Leute, auf Märchen und vor allem auf Zitate aus der Heiligen Schrift zurück. Falls die Bibel eigentlich „nicht so Ihr Ding" ist, sollten sich davon nicht abschrecken lassen. Sie werden staunen, wie die Autorin Episoden aus diesem uralten Buch interpretiert und deutet. So haben Sie das wahrscheinlich noch nie gesehen!

Um durch die „verborgene Tür" zu gelangen, braucht es nicht mehr, als dass Sie Ihre hinderlichen Denkmuster durch erfolgsorientierte ersetzen, einige Verhaltensweisen korrigieren und Ihre Erwartung an das Leben ändern.

Sie lernen, in jeder Lebenslage das Beste zu erwarten und sich aktiv darauf vorzubereiten. Sie beginnen Ihrer Intuition zu vertrauen und zu folgen, und den Verstand, wo er als Verhinderer auftritt, in die Schranken zu weisen. Und nach und nach werden Sie all die Bürden abwerfen, die Sie schon lange mit sich herum schleppen. So öffnen Sie die „verborgene Tür" und treten ein in ein Leben, das mehr zu bieten hat, als das, mit dem Sie zur Zeit nicht wirklich zufrieden sind.

Wie für jegliche Selbsthilfe-Literatur gilt natürlich auch für dieses Buch: Mit dem Lesen allein ist es nicht getan. Veränderungen werden Sie nur dann bewirken, wenn Sie den Inhalt beherzigen und in Ihr Leben integrieren.

Ich wünsche Ihnen einen offenen Geist, viel Erfolg und ein Leben, wie Sie es sich wünschen!

August 2016 – Günter W. Kienitz

Die verborgene Tür zum Erfolg

„Und das Volk erhob ein Geschrei, und sie stießen in die Posaunen. Und es geschah, als das Volk den Schall der Posaunen hörte, und als das Volk ein großes Geschrei erhob, da stürzte die Mauer an ihrer Stelle ein, und das Volk stieg in die Stadt hinein, ein jeder gerade vor sich hin, und sie nahmen die Stadt ein."[2]

Erfolgreiche Menschen werden gerne gefragt: „Was ist das Geheimnis Ihres Erfolgs?"

Einen erfolglosen Menschen hingegen fragt keiner: „Was ist das Geheimnis Ihres Scheiterns?" Denn es scheint offenkundig zu sein, und niemand ist daran interessiert, es genauer zu erfahren.

Jeder möchte gerne wissen, wie man die verborgene Tür zum Erfolg öffnet.

Erfolg ist für jeden Menschen erreichbar, doch es scheint oft, als läge er hinter einer Tür oder einer Wand verborgen. Aus der Bibel kennen wir die wundersame Geschichte über den Einsturz der Mauern von Jericho.

Natürlich gibt es für alle biblischen Geschichten eine metaphysische Interpretation.

Lassen Sie uns jetzt über *Ihre* Mauer von Jericho reden, die Mauer, die *Sie* von *Ihrem Erfolg* trennt. Fast jeder Mensch hat eine Mauer um sein eigenes Jericho erbaut.

Diese Stadt, die Sie nicht betreten können, hält große Schätze bereit: Ihren gottgewollten Erfolg, die Erfüllung Ihres Herzenswunsches!

---

[2] Josua 6,20 – Elberfelder Bibel 1905

Welche Art von Mauer haben Sie um Ihr Jericho errichtet? Häufig ist die Mauer aus Verbitterung entstanden. Doch mit Groll gegen jemanden oder Ärger über eine Situation sabotieren Sie Ihr eigenes Wohlbefinden.

Wenn Sie selbst erfolglos sind und jemand anderem dessen Erfolg verargen, versperren Sie sich damit den Weg zum eigenen Erfolg.

Ich empfehle folgende Affirmation, um Neid und Missgunst aufzulösen:

Was Gott für andere getan hat, tut er jetzt für mich – und mehr.

Eine Frau war voller Neid, weil eine Freundin ein Geschenk bekommen hatte. Sie sprach diese Affirmation wiederholt und erhielt schließlich das genau gleiche Geschenk – und zusätzlich ein weiteres.

Als die Kinder Israels ihr Geschrei erhoben, stürzte die Mauer von Jericho ein. Wenn Sie eine Wahrheit affirmieren, gerät auch Ihre Mauer von Jericho ins Wanken.

Ich empfahl einer Frau folgende Affirmation zu sprechen: *Die Mauern des Mangels und der Verzögerungen zerbröckeln jetzt und ich betrete unter Gnade mein Verheißenes Land.* Dadurch hatte sie ein lebendiges Bild vor Augen, in dem sie über eine umgestürzte Mauer hinweg stieg. Kurz darauf wurde ihr Wunsch Wirklichkeit.

Es ist der in Worte gefasste Wunsch nach Verwirklichung, der Veränderung in unsere Angelegenheiten bringt; denn Worte und Gedanken sind eine Form von Schwingungen, Radiowellen ähnlich.

Wenn Sie sich für Ihre Arbeit interessieren und Freude an Ihrem Job haben, öffnen Sie damit die verborgene Tür zum Erfolg.

Vor einigen Jahren reiste ich nach Kalifornien, um dort in verschiedenen Zentren zu sprechen. Auf der Fahrt durch den Panamakanal lernte ich auf dem Schiff einen Mann namens Jim Tully kennen.

Er hatte jahrelang als Landstreicher gelebt und sich selbst als „den König der Tramps" bezeichnet.

Doch er war ehrgeizig und fing an, sich weiterzubilden.

Er hatte eine lebhafte Vorstellungskraft und begann damit, Geschichten über seine Erfahrungen zu schreiben.

Er dramatisierte das Landstreicherleben, hatte Freude an dem, was er tat, und wurde ein sehr erfolgreicher Autor. Ich erinnere mich an ein Buch über ihn mit dem Titel „Zaungäste"[3], das auch verfilmt wurde.

Er ist heute berühmt und wohlhabend und lebt in Hollywood. Wie hat Jim Tully die verborgene Tür zum Erfolg geöffnet?

Indem er sein eigenes Leben in Geschichten packte und sich für das interessierte, was er tat und wie er lebte, machte er das Beste daraus, ein Tramp zu sein. Auf dem Schiff saßen wir alle am Tisch des Kapitäns, was uns die Gelegenheit gab, uns zu unterhalten.

Mrs. Grace Zaring Stone[4] war ebenfalls Passagier auf dem Schiff. Sie hatte ein Buch mit dem Titel „The Bitter Tea of General Yen" geschrieben und war auf dem Weg nach Hollywood, wo das Buch verfilmt[5] wurde. Sie hatte eine Zeit lang in China gelebt, und ihr Aufenthalt dort hatte sie zum Schreiben des Buches inspiriert.

Dies ist das *Geheimnis* von Erfolg: *das, was man tut, für andere Menschen interessant zu machen.* Seien Sie selbst interessiert, und andere werden Sie interessant finden.

Gute Laune und ein freundliches Lächeln öffnen oft die verborgene Tür. Die Chinesen haben ein Sprichwort: „Ein Mann ohne ein Lächeln sollte keinen Laden eröffnen."

---

3   Originaltitel: „Outside Looking In" von Maxwell Anderson
4   Grace Zaring Stone (1891 – 1991): US-amerikanische Schriftstellerin
5   „The Bitter Tea of General Yen" aus dem Jahr 1933 – Regie: Frank Capra

Der Erfolg eines Lächelns wurde in einem französischen Film ins Szene gesetzt, in dem Chevalier[6] die Hauptrolle spielte. Der Film hieß „Mit einem Lächeln"[7].

Eine der Figuren war arm und trübsinnig geworden und stand kurz davor, obdachlos zu werden. Der Mann sagte zu Chevalier: „Was hat mir meine ganze Ehrlichkeit letztlich eingebracht?" Und Chevalier antwortete: „Ehrlichkeit allein wird Ihnen nicht helfen – ohne ein Lächeln." Daraufhin änderte sich der Mann auf der Stelle, verbesserte seine Laune und wurde sehr erfolgreich.

Wenn Sie in der Vergangenheit leben und sich über Widrigkeiten und Missgeschicke beklagen, bauen Sie damit eine dicke Mauer um Ihr persönliches Jericho.

Zu viel über Ihre Angelegenheiten zu reden und damit Ihre Energie zu zerstreuen und zu vergeuden, führt Sie vor eine hohe Mauer. Ich kannte einmal einen Mann mit Verstand und Fähigkeiten, der ein kompletter Versager war.

Er lebte mit seiner Mutter und seiner Tante, und ich erfuhr, dass er jeden Abend, wenn er zum Essen nach Hause kam, den beiden alles erzählte, was sich während des Tages im Büro zugetragen hatte, und seine Hoffnungen, Ängste und Misserfolge mit ihnen diskutierte.

Ich sagte zu ihm: „Sie verplempern Ihre Energie, wenn Sie ständig über alles reden, was Ihnen über den Weg läuft. Diskutieren Sie, was in Ihrer Firma passiert, nicht mit Ihrer Familie. Schweigen ist Gold!"

Er nahm sich meinen Rat zu Herzen. Und er weigerte sich von nun an, beim Abendessen über seine Angelegenheiten am Arbeitsplatz zu reden. Seine Mutter und die Tante waren bitter enttäuscht, weil sie

---

6   Maurice Chevalier (1888 – 1972): bekannter französischer Schauspieler und Chansonsänger
7   „Avec le sourire" / „With a Smile" – Französische Komödie aus dem Jahr 1936 – Regie: Maurice Tourneur (1876 – 1961)

von seinen weitschweifigen Bürogeschichten gar nicht genug bekommen konnten. Doch sein Schweigen erwies sich als golden!

Nicht lange danach, bekam er eine Stelle für hundert Dollar pro Woche, und innerhalb weniger Jahre verdreifachte sich sein Gehalt auf dreihundert Dollar.

Hinter Erfolg steckt kein Geheimnis, sondern ein System.

Viele Menschen stehen vor einer Mauer, die sie aus Entmutigungen gebaut haben. Doch Mut und Ausdauer sind wesentliche Faktoren des Systems. Das wissen wir aus den Lebensgeschichten erfolgreicher Männer und Frauen.

Ich hatte ein amüsantes Erlebnis, das mir das bewusst werden ließ. Ich stand vor dem Kino, wo ich mit einer Freundin verabredet war.

Während ich auf sie wartete, beobachtete ich einem Jungen, der neben mir Programmhefte verkaufte.

Er rief den vorbeikommenden Leuten zu: „Kaufen Sie das Programmheft zum Film mit Fotos der Schauspieler und ihren Lebensläufen."

Die Leute gingen achtlos an ihm vorüber, ohne ein Heft zu kaufen. Zu meiner Überraschung wandte er sich plötzlich zu mir und sagte: „Wissen Sie, was ich hier mache, ist wirklich kein Job für einen Jungen mit Ambitionen."

Dann hielt er mir einen kleinen Vortrag über Erfolg. Er sagte: „Die meisten Menschen geben auf, ganz kurz bevor sich etwas Großes für sie ergibt. Ein erfolgreicher Mensch gibt niemals auf."

Das interessierte mich natürlich und ich sagte: „Wenn ich das nächste Mal hierher komme, bringe ich dir ein Buch mit. Es heißt *Das Lebensspiel und wie man es spielt*[8] Du wirst sicher mit vielen Ideen darin übereinstimmen."

Eine oder zwei Wochen später kam ich mit dem Buch wieder.

---

8 Florence Scovel Shinn: „The Game of Life and How to Play It" (1925)

Das Mädchen am Kartenschalter sagte zu ihm: „Lass mich das Buch lesen, Eddie, während du deine Programmhefte verkaufst." Der Mann, der die Eintrittskarten abriss, beugte sich zu uns, um ebenfalls einen Blick auf das Buch zu werfen.

Das „Lebensspiel" stößt bei Leuten immer auf Interesse.

Als ich drei Wochen später das nächste Mal ins Kino kam, war Eddie nicht mehr da. Er hatte einen neuen Job gefunden, der ihm Spaß machte und besser bezahlt wurde. Seine Mauer um Jericho war zerbröckelt, weil er sich nicht entmutigen lassen hatte.

Nur zweimal wird das Wort *Erfolg* in der Bibel erwähnt, und beide Stellen finden sich im Buch Josua.

„Nur sei sehr stark und mutig, dass du darauf achtest, zu tun nach dem ganzen Gesetz, welches mein Knecht Mose dir geboten hat. Weiche nicht davon ab zur Rechten noch zur Linken, auf dass es dir gelinge überall, wohin du gehst. Dieses Buch des Gesetzes soll nicht von deinem Munde weichen, und du sollst darüber sinnen Tag und Nacht, auf dass du darauf achtest, zu tun nach allem, was darin geschrieben ist; denn alsdann wirst du auf deinem Wege Erfolg haben, und alsdann wird es dir gelingen. Weiche nicht davon ab zur Rechten noch zur Linken."[9]

Die Straße zum Erfolg ist schnurgerade und schmal. Der Weg wird voller Hingabe und mit ungeteilter Aufmerksamkeit beschritten.

„Sie ziehen an, womit Sie sich in Ihren Gedanken am meisten beschäftigen."

Wenn Sie also viel über Mangel nachdenken, ziehen Sie Mangel an; wenn Sie sich in Gedanken oft mit Ungerechtigkeiten beschäftigen, ziehen Sie noch mehr Ungerechtigkeiten an.

Josua sagte: „Und es soll geschehen, wenn man das Lärmhorn anhaltend bläst, wenn ihr den Schall der Posaune höret, so soll das ganze

---

9   Josua 1,7-8 – Elberfelder Bibel 1905

Volk ein großes Geschrei erheben; und die Mauer der Stadt wird an ihrer Stelle einstürzen, und das Volk soll hinaufsteigen, ein jeder gerade vor sich hin."[10]

Die innere Bedeutung dieser Geschichte liegt in der Macht des Wortes, Ihres Wortes, das Beschränkungen auflöst und Hindernisse aus dem Weg räumt.

Als die Menschen ihr Geschrei erhoben, stürzte die Mauer ein.

Wir finden in Sagen und Märchen, denen Legenden zugrunde liegen, die auf der Wahrheit gründen, dieselbe Idee: Ein Wort öffnet Türen oder spaltet Felsen.

Wir treffen sie in der Erzählung „Ali Baba und die vierzig Räuber" aus „Tausendundeine Nacht"[11] wieder. Ich habe die Geschichte als Film gesehen.

Ali Baba hat irgendwo in den Bergen zwischen Felsen verborgen ein geheimes Versteck, zu dem man nur Zutritt erhält, wenn man die geheime Formel kennt und ausspricht. Sie lautet: „Sesam, öffne dich!"

Ali Baba stellt sich vor die Felswand hin und ruft: „Sesam, öffne dich!" Da gleiten die Felsen auseinander und geben den Eingang frei.

Die Geschichte ist sehr inspirierend, denn sie gibt Ihnen eine bildhafte Vorstellung davon, wie Ihre persönlichen Felsen und Schranken sich auf das richtige Wort hin öffnen.

Lassen Sie uns nun eine passende Affirmation formulieren:
Die Mauern aus Mangel und Verzögerung brechen jetzt zusammen und ich betrete mein Verheißenes Land unter Gnade.

---

10 Josua 6,5 – Elberfelder Bibel 1905
11 Sammlung morgenländischer Erzählungen und Klassiker der Weltliteratur

Ziegelsteine ohne Stroh

„So gehet nun hin und frönt; Stroh soll man euch nicht geben, aber die Anzahl der Ziegel sollt ihr schaffen."[12]

Im 5. Kapitel des 2. Buch Mose lesen wir Schilderungen von Szenen aus dem täglichen Leben, für die es auch eine metaphysische Deutung gibt.

Die Kinder Israels wurden vom Pharao, dem grausamen Zuchtmeister und Herrscher über Ägypten, in Knechtschaft gehalten. Sie lebten in Sklaverei, mussten Ziegelsteine herstellen, und wurden gehasst und verachtet.

Moses hatte vom Herrn den Auftrag, sein Volk aus der Knechtschaft zu befreien. „Und danach gingen Mose und Aaron hinein und sprachen zu dem Pharao: So spricht Jehova, der Gott Israels: Lass mein Volk ziehen, dass sie mir ein Fest halten in der Wüste!"[13]

Doch der Pharao weigerte sich nicht nur, das Volk gehen zu lassen, sondern machte stattdessen ihre erzwungene Arbeit noch schwieriger: Sie mussten Ziegel herstellen, ohne dass sie das dazu nötige Stroh erhielten.

„Da gingen die Vögte des Volkes und ihre Amtleute aus und sprachen zum Volk: So spricht Pharao: Man wird euch kein Stroh geben; geht ihr selbst hin und sammelt euch Stroh, wo ihr's findet; aber von eurer Arbeit soll nichts gemindert werden."[14]

---

12 2. Mose 5,18 – Luther-Bibel 1912
13 2. Mose 5,1 – Elberfelder Bibel 1905
14 2. Mose 5,10-11 – Luther-Bibel 1912

Es war unmöglich, ohne Stroh Ziegel herzustellen. Der Pharao ließ die Kinder Israels schinden und schikanieren. Sie wurden geschlagen, weil sie keine Ziegel produzierten. Da kam eine Botschaft von Jehova: „So gehet nun hin und frönt; Stroh soll man euch nicht geben, aber die Anzahl der Ziegel sollt ihr schaffen."[15]

Weil sie auf Grundlage des Spirituellen Gesetzes arbeiteten, was bedeutet, dass für sie selbst das scheinbar Unmögliche machbar war, konnten sie die Ziegel auch ohne Stroh anfertigen.

Wie oft im Leben werden Menschen mit einer solchen Situation konfrontiert.

Agnes M. Lawson schreibt in ihrem Buch „Hints to Bible Study"[16]: „Das Leben in Ägypten unter der Knute einer fremden Macht steht als Symbol für das des Menschen unter dem gestrengen Regiment destruktiver Denkmuster wie Stolz, Angst, Verbitterung, Feindseligkeit, etc. Die Befreiung unter der Führung von Moses steht für die wachsende Freiheit, die der Mensch den Zuchtmeistern abringt, während er das Gesetz des Lebens verstehen lernt, denn wir können keine Gnade erfahren, solange wir das Gesetz nicht kennen. Das Gesetz muss bekannt gemacht werden, damit es genutzt werden kann."

In Psalm 111 lesen wir im letzten Vers: „Die Furcht des Herrn ist der Weisheit Anfang. Das ist eine feine Klugheit, wer darnach tut, des Lob bleibt ewiglich."[17]

Der Begriff „Herr" (Gesetz) erweist sich als Schlüssel zu dieser Aussage.

Mit der Furcht vor dem Gesetz (Karmisches Gesetz) beginnt die Entwicklung von Weisheit (nicht mit der Furcht vor dem Herrn).

---

15 2 Mose 5,18 – Luther-Bibel 1912
16 deutsch: Hinweise zum Bibelstudium
17 Psalm 111,10 – Luther-Bibel 1912

Sobald uns klar geworden ist, dass alles, was wir aussenden, irgendwann zurückkehrt, beginnen wir, uns um die Bumerangs unseres eigenen Denkens und Handelns zu sorgen.

In einer medizinischen Zeitschrift habe ich folgende Fakten gelesen, die den Bumerang illustrieren, den der große Pharao zurückerhielt.

„Es sieht ganz danach aus, als wäre das Fleisch Erbe von langen und uralten Linien von Krankheiten, wenn der Pharao der Unterdrückung, wie von Lord Monyahan in einem Vortrag in Leeds geschildert, an einer Verhärtung des Herzens im Wortsinn litt. Lord Monyahan zeigte einige bemerkenswerte Detailaufnahmen von verschiedenen Autopsien aus einer Zeit, die tausend Jahre vor Christi Geburt lag. Unter diesen Dias fand sich auch eine Aufnahme, die das Herz des Pharaos der Unterdrückung zeigte.

„Das große Blutgefäß, das aus dem Herzen führt, war in einem so gut erhaltenen Zustand, dass man Querschnitte präparieren und diese mit aktuellem Material vergleichen konnte. Es stellte sich als unmöglich heraus, zwischen dem uralten und einem entsprechend belasteten heutigen Blutgefäß zu unterscheiden. Beide Herzen waren von Arteriosklerose befallen. In den Wänden der Blutgefäße hatten sich Ablagerungen gebildet, wodurch diese sich verhärtet und ihre Flexibilität verloren hatten.

Die Blutgefäße waren zu eng geworden und hatten den Blutfluss vom Herzen weg behindert. Mit dem körperlichen Zustand der Arteriosklerose geht eine entsprechende Veränderung der geistigen Verfassung hin zu *Engstirnigkeit und Antriebslosigkeit* einher – zu *einer Verhärtung des Herzens im übertragenen Sinn*."

Die Hartherzigkeit des Pharao hatte also sein eigenes Herz verhärtet.

Das gilt heute noch genauso wie vor Tausenden von Jahren – wir kommen alle aus dem Land Ägypten, aus dem Haus der Knechtschaft.

Ihre Zweifel und Ängste halten Sie in Sklaverei. Sie sehen sich einer Situation gegenüber, die hoffnungslos scheint. Was können Sie tun? Dies ist ein Fall von Ziegeln ohne Stroh herzustellen.

Erinnern Sie sich an das Wort Jehovas: „So gehet nun hin und frönt; Stroh soll man euch nicht geben, aber die Anzahl der Ziegel sollt ihr schaffen."[18]?

Sie sollen Ziegel anfertigen, ohne Stroh zu haben. Und Gott schafft einen Weg, wo es keinen Weg gibt!

Ich habe eine Geschichte über eine Frau gehört, die Geld für ihre Miete benötigte. Sie brauchte es dringend, wusste aber nicht, woher es kommen sollte, weil sie schon alles versucht und all ihre Möglichkeiten ausgeschöpft hatte.

Allerdings war sie eine Schülerin der Wahrheit und sprach weiter ihre Affirmationen. Ihr Hund winselte, weil er vor die Tür wollte. Sie nahm ihn an die Leine, um mit ihm in der gewohnten Richtung Gassi zu gehen.

Doch der Hund zerrte an der Leine und wollte in die entgegengesetzte Richtung. Sie folgte ihm. Nachdem Sie einen halben Straßenblock weit gegangen war, blieb sie stehen, um in den Park auf der anderen Straßenseite abzubiegen. Da fiel ihr Blick auf den Boden und sie hob ein zusammengerolltes Bündel Banknoten auf. Das Geld deckte genau ihre Miete.

Sie versuchte, den Besitzer über Kleinanzeigen ausfindig zu machen, konnte ihn aber nicht aufspüren. Da, wo sie das Geld gefunden hatte, stand weit und breit kein Haus.

Der Verstand, der Intellekt, sitzt in unserem Bewusstsein auf dem Thron des Pharaos. Er sagt fortlaufend: „Es ist nicht machbar. Was soll die Mühe?"

---

18 2 Mose 5,18 – Luther-Bibel 1912

Diese trostlosen Suggestionen müssen wir mit einer lebensfrohen Affirmation übertönen und ausblenden!

Nehmen Sie beispielsweise diese Aussage: *Das Unerwartete geschieht, das Gute, das mir unmöglich schien, tritt jetzt in mein Leben.* Mit dieser Affirmation stoppen Sie alle Argumente Ihrer Feinde (Ihres Verstandes).

„Das Unerwartete geschieht!" Das ist eine Idee, mit der Ihr Verstand nichts anzufangen weiß.

„Du hast mich weiser gemacht, als meine Feinde"[19]: Ihre feindlichen Gedanken, Ihre Zweifel, Ihre Ängste und Befürchtungen!

Denken Sie an die Freude darüber, wirklich für immer vom Pharao der Unterdrückung befreit zu sein, und die Vorstellung von *Sicherheit, Gesundheit, Glück und Fülle in Ihrem Unbewussten etabliert zu haben.* Das würde ein Leben frei von allen Beschränkungen bedeuten!

Es wäre das Königreich, von dem Jesus Christus sprach, in dem wir alle Dinge automatisch zugeteilt bekommen. Ich sage „automatisch zugeteilt", weil das ganze Leben aus Schwingungen besteht; und wenn wir synchron zu Erfolg, Glück und Fülle schwingen, kommen die Dinge, die diese Bewusstseinszustände symbolisieren, ganz von selbst zu uns.

Fühlen Sie sich reich und erfolgreich, und plötzlich erhalten Sie aus heiterem Himmel einen großen Scheck oder ein wunderschönes Geschenk.

Ich erzähle Ihnen eine Geschichte, die das Gesetz in Aktion zeigt. Ich ging zu einer Party, auf der Spiele gespielt wurden und jeder, der gewann, ein Geschenk bekam. Der Hauptpreis war ein dekorativer Ventilator.

Unter den Anwesenden befand sich auch eine sehr reiche Frau, die alles hatte. Ihr Name war Clara. Die Ärmeren und Missgünstigen steck-

---

19 In Anlehnung an Psalm 119,98

ten die Köpfe zusammen und tuschelten: „Wir hoffen, dass Clara den Ventilator nicht bekommt." Aber natürlich gewann Clara das begehrte Stück.

Sie war unbekümmert und sorglos, und strahlte Fülle aus. *Neid und Missgunst schalten Ihre positiven Schwingungen ab und halten Ihre Ventilatoren von Ihnen fern.*

Sollten Sie selbst zu Neid und Missgunst neigen, machen Sie diese zu Ihrer ständigen Affirmation: *Was Gott für andere getan hat, tut er nun für mich – und mehr!*

Dann werden Ihnen all die Ventilatoren und andere Dinge förmlich zufliegen!

Niemand gibt einem etwas, als man selbst, und niemand nimmt einem etwas, als man selbst. Das „Lebensspiel" ist ein Solitärspiel, und während Sie sich ändern, ändern sich auch Ihre Lebensumstände.

Nun aber zurück zum Pharao, dem Unterdrücker. Niemand kann Unterdrücker ausstehen.

Ich erinnere mich an eine Freundin, die ich vor vielen Jahren hatte; ihr Name war Lettie. Ihr Vater hatte eine Menge Geld und versorgte ihre Mutter und sie selbst mit allem, was sie zum Leben brauchten. Doch er war nicht bereit, irgendwelchen Luxus für die beiden zu bezahlen.

Wir gingen zusammen in die Kunstschule, und alle Studenten dort kauften sich Reproduktionen der „Winged Victory"[20], von „Whistler's Mother"[21] oder Ähnliches, um Kunst ins eigene Heim zu bringen.

Der Vater meiner Freundin bezeichnete solche Dinge als „Plunder". Und er sagte bei jeder Gelegenheit: „Bringt mir bloß keinen Plunder mit nach Hause."

---

20 „Siegesgöttin"
21 „Arrangement in Grau und Schwarz: Porträt der Mutter des Künstlers" von James Abbott McNeill Whistler (1834 – 1903)

So lebte sie ein farbloses Leben ohne eine Siegesgöttin auf ihrer Kommode stehen oder „Whistlers Mutter" an der Wand hängen zu haben.

Ihr Vater sagte oft zu meiner Freundin und ihrer Mutter: „Wenn ich einmal sterbe, seid ihr beide sehr gut versorgt."

Eines Tages fragte jemand Lettie: „Wann gehst du ins Ausland?" (Alle Kunststudenten gingen für eine Zeit ins Ausland.)

Sie antwortete fröhlich: „Nicht, bevor Papa gestorben ist."

Menschen freuen sich immer darauf, eines Tages frei von Mangel und Unterdrückung zu sein.

Befreien wir uns jetzt selbst von den *Tyrannen negativen Denkens* – wir waren Sklaven von Zweifeln, Ängsten und Befürchtungen -, so wie die Kinder Israels von Moses in die Freiheit geführt wurden, und verlassen wir das Land Ägypten und das Haus der Knechtschaft.

Finden Sie den Gedanken, der Ihr größter Unterdrücker ist; finden Sie Ihren *King-Pin*.[22]

In den Holzfällerlagern werden im Frühjahr viele Baumstämme den Fluss hinab geschickt.

Manchmal kommen sich dabei Stämme gegenseitig in die Quere und verursachen einen Stau. Dann suchen die Arbeiter nach dem Baumstamm, der den Stau verursacht (sie nennen ihn King-Pin), richten ihn wieder aus, und die Stämme rauschen weiter den Fluss hinab.

Vielleicht ist Ihr King-Pin Groll, den Sie hegen, oder Ärger, der an Ihnen nagt. Groll hält das Gute, auf das Sie hoffen, von Ihnen fern.

Je mehr Sie grollen, desto mehr Anlässe wird es geben, über die Sie sich ärgern. Sie legen auf diese Weise einen Pfad des Verdrusses in Ihrem Bewusstsein an, und Ihre Miene wird Ihrer zur Gewohnheit gewordenen Ärger widerspiegeln.

---

22 deutsch: Königszapfen

Man wird Sie meiden, und Sie werden all die goldenen Gelegenheiten verpassen, die Ihnen Tag für Tag begegnen.

Ich erinnere mich, dass es vor einigen Jahren auf den Straßen von Männern wimmelte, die Äpfel verkauften.

Sie standen früh am Morgen auf, um sich die guten Ecken zu sichern.

Einem von ihnen bin ich verschiedene Male auf der Park Avenue begegnet. Er trug die übellaunigste Miene zur Schau, die ich je gesehen habe.

Wenn Leute vorübergingen, sagte der Mann: „Äpfel! Äpfel!", aber niemand blieb stehen, um einen zu kaufen.

Ich investierte in einen seiner Äpfel und meinte: „Sie werden nie Äpfel verkaufen, solange sie nicht eine andere Miene aufsetzen."

Er antwortete: „Also, wissen Sie, der Typ da drüben hat mir meine Ecke weggeschnappt."

Ich sagte: „Verschwenden Sie keinen Gedanken an die Ecke. Sie können auch hier Äpfel verkaufen, wenn Sie ein freundliches Gesicht machen."

Er sagte: „Ok, meine Dame", und ich ging weiter. Am nächsten Tag sah ich ihn wieder. Seine Miene hatte sich völlig verwandelt. Er verkaufte jetzt Äpfel mit einem Lächeln und machte ein gutes Geschäft.

Finden Sie also Ihren King-Pin (gut möglich, dass Sie mehrere haben), und Ihre Baumstämme des *Erfolgs, des Glücks und der Fülle* werden ungehindert den Fluss hinab rauschen.

„So gehet nun hin und arbeitet; Stroh soll man euch nicht geben, aber ihr werdet Ziegel ohne Stroh machen."[23]

---

23 in Anlehnung an: 2 Mose 5,18 – Luther-Bibel 1912

Fünf aber von Ihnen waren klug

„Fünf aber von ihnen waren klug und fünf töricht. Die, welche töricht waren, nahmen ihre Lampen und nahmen kein Öl mit sich."[24]

Mein Thema in diesem Kapitel ist die Parabel von den fünf klugen und den fünf törichten Jungfrauen. „Fünf aber von ihnen waren klug und fünf töricht. Die, welche töricht waren, nahmen ihre Lampen und nahmen kein Öl mit sich; die Klugen aber nahmen Öl in ihren Gefäßen mit ihren Lampen."[25] Die Parabel lehrt, dass wahrhaftes Beten Vorbereitung bedeutet.

Jesus Christus sagte: „Und alles, was ihr bittet im Gebet, *so ihr glaubet*, werdet ihr's empfangen."[26] „Darum sage ich euch: Alles, was ihr bittet in eurem Gebet, glaubet nur, dass ihr's empfangen werdet, so wird's euch werden."[27] In dieser Parabel zeigt er, dass nur diejenigen, die sich auf das ersehnte Gute vorbereitet haben (und damit ihren aktiven Glauben zeigen), dessen Manifestation zustande bringen.

Lassen Sie uns diese Aussagen aus der Bibel umformulieren: Wenn Sie beten, glauben Sie daran, dass Sie das Gewünschte bereits haben und handeln Sie so, als wäre Ihr Wunsch bereits erfüllt.

Untätiger Glaube wird niemals Berge versetzen. Entspannt im Sessel sitzend, in der Stille oder der Meditation sind Sie ganz vom Wunder dieser Wahrheit erfüllt und fühlen, dass Ihr Glaube nie wanken wird. Sie wissen, dass der Herr Ihr Hirte ist und dass Sie niemals Mangel leiden werden.

---

24 Matthäus 25,2-3 – Elberfelder Bibel 1905
25 Matthäus 25,2-4 – Elberfelder Bibel 1905
26 Matthäus 21,22 – Luther-Bibel 1912
27 Markus 11,24 – Luther-Bibel 1912

Sie fühlen, dass Ihr Gott der Fülle alle drückenden Schulden und Beschränkungen auslöschen wird. Dann verlassen Sie Ihren bequemen Sessel und treten hinaus in die Arena des Lebens. Und nur was Sie in dieser Arena tun, zählt.

Ich gebe Ihnen ein Beispiel, das zeigt, wie das Gesetz funktioniert, denn Glaube ohne Aktion ist tot.

Ein Mann, einer meiner Schüler, hegte den großen Wunsch, ins Ausland zu reisen. Er wählte folgende Affirmation: *Ich danke für meine göttlich geplante und göttlich finanzierte Reise, die unter Gnade stattfindet und perfekt verlaufen wird.* Er verfügte über sehr wenig Geld. Aber da er das Gesetz der Vorbereitung kannte, kaufte er sich einen Koffer. Der Koffer war bunt und fröhlich und trug ein rotes Band um die Mitte. Wenn immer der Mann ihn betrachtete, fühlte er sich, als wäre er schon unterwegs. Eines Tages hatte er den Eindruck, sein Zimmer würde wanken. Er spürte die Bewegung eines Schiffes. Er trat ans Fenster, um frische Luft zu schnappen und hatte den Geruch der Docks in der Nase. Mit seinem inneren Ohr hörte er das Kreischen einer Möwe und das Knarren des Landungsstegs. Der Koffer hatte begonnen zu wirken. Er hatte den Mann in die Schwingung seiner Reise versetzt. Bald darauf erhielt mein Schüler einen größeren Geldbetrag und er unternahm seine Reise. Nach seiner Rückkehr sagte er, sie sei in jedem Detail perfekt gewesen.

In der Arena des Lebens müssen wir darauf achten, stets auf das Konzert eingestimmt zu bleiben.

Handeln wir aufgrund von Angst oder Glauben? *Betrachten Sie Ihre Motive mit größter Sorgfalt. Denn aus ihnen erwachsen die Umstände Ihres Lebens.*

Wenn Ihr Problem ein finanzielles ist (und das ist es gewöhnlich), müssen Sie wissen, wie Sie Ihre Energie in Gelddingen ankurbeln und auf hohem Niveau halten können, indem Sie immer aus dem Glauben heraus handeln. Die materielle Haltung zum Geld ist, auf Ihr Gehalt,

Ihr Einkommen und Ihre Investitionen zu vertrauen, die aber alle über Nacht sinken können.

Die spirituelle Haltung zum Geld ist, darauf zu vertrauen, dass Gott Sie versorgt. Um Ihren Besitz zu wahren, denken Sie immer daran, dass es sich dabei um Gott in materieller Form handelt. „Was Allah gegeben hat, kann einem nicht genommen werden", denn wenn sich eine Tür schließt, öffnet sich sofort eine andere.

Fassen Sie nie Mangel oder Beschränkungen in Worte, denn „aus deinen Worten wirst du verdammt werden".[28] Sie verbinden sich mit dem, was Sie wahrnehmen, und wenn Sie ständig Fehlschläge und schwere Zeiten vor Augen haben, verbinden Sie sich mit Fehlschlägen und schweren Zeiten.

Sie müssen es sich zur Gewohnheit machen, in der vierten Dimension zu leben, der „Welt des Wundersamen". Dies ist die Welt, in der Sie nicht nach äußeren Erscheinungen urteilen.

Trainieren Sie Ihr inneres Auge so, dass es in einem Fehlschlag Erfolg sieht, in Krankheiten Gesundheit und in Beschränkungen Fülle. *Ich werde dir das Land geben, das du vor deinem inneren Auge siehst.* „Denn alles Land, das du siehst, will ich dir geben."[29]

Erfolgreiche Menschen haben eine *festgelegte Vorstellung von Erfolg*. Ist er auf einem Fundament von Wahrheit und Richtigkeit errichtet, wird er Bestand haben. Ist er das nicht, ist er auf Sand gebaut, wird ins Meer gespült und kehrt in seine ursprüngliche Nichtigkeit zurück.

Nur göttliche Ideen können von Dauer sein. Das Übel zerstört sich selbst, weil es sich dem Fluss der universellen Ordnung widersetzt. Und der Weg des Missetäters ist hart.

---

28 Matthäus 12,37 – Luther-Bibel 1912
29 1. Mose 13,15 – Luther-Bibel 1912

„Die, welche töricht waren, nahmen ihre Lampen und nahmen kein Öl mit sich; die Klugen aber nahmen Öl in ihren Gefäßen mit ihren Lampen."[30]

Die Lampe symbolisiert das Bewusstsein des Menschen. Das Öl steht für das, was Licht oder Einsicht bringt.

„Da nun der Bräutigam verzog, wurden sie alle schläfrig und schliefen ein. Zur Mitternacht aber ward ein Geschrei: Siehe, der Bräutigam kommt; geht aus ihm entgegen! Da standen diese Jungfrauen alle auf und schmückten ihre Lampen. Die törichten aber sprachen zu den klugen: Gebt uns von eurem Öl, denn unsere Lampen verlöschen."[31]

Die törichten Jungfrauen waren ohne Weisheit oder Einsicht, dem Öl für das Bewusstsein, und als sie mit einer ernsthaften Situation konfrontiert wurden, waren sie nicht in der Lage, damit umzugehen.

Und als sie zu den klugen sagten: „Gebt uns von eurem Öl", „da antworteten die Klugen und sprachen: Nicht also, auf dass nicht uns und euch gebreche; geht aber hin zu den Krämern und kauft für euch selbst."[32]

Das bedeutet, dass die törichten Jungfrauen *nicht mehr erhalten konnten, als sich in ihrem Bewusstsein befand*, oder als was mit ihren Schwingungen im Einklang war.

Der Mann erhielt seine Reise, weil sie in seinem Bewusstsein vorhanden war – als Realität. Er glaubte, dass er sie bereits bekommen hatte. Als er sich auf die Reise vorbereitete, nahm er – bildlich gesprochen – Öl für seine Lampen mit. *Auf die Vergegenwärtigung folgt die Manifestation.*

Das Gesetz der Vorbereitung wirkt in beiderlei Richtung. Wenn Sie sich auf etwas vorbereiten, vor dem Sie Angst haben oder das Sie

---

30 Matthäus 25,2-4 – Elberfelder Bibel 1905
31 Matthäus 25,5-8 – Luther-Bibel 1912
32 Matthäus 25,9 – Luther-Bibel 1912

nicht mögen, beginnen Sie damit automatisch, es anzuziehen. David sagte: „Denn was ich gefürchtet habe ist über mich gekommen."[33] Oft hört man Leute sagen: „Ich muss Geld auf die Seite legen für den Fall einer Krankheit." Damit bereiten sie sich absichtlich darauf vor, krank zu werden. Oder: „Ich spare für schlechte Zeiten." Diese schlechten Zeiten werden kommen – sicher und im ungünstigsten Moment.

Die göttliche Idee für jeden Menschen ist Fülle. Ihre Scheunen *sollen* voll sein und Ihre Kelter von Most überfließen.[34] Doch bevor es soweit ist, müssen wir lernen, richtig zu bitten.

Nehmen Sie zum Beispiel dieses Statement: *Ich berufe mich auf das Gesetz der Akkumulation. Meine Versorgung kommt von Gott. Sie strömt mir jetzt zu und sammelt sich unter Gnade.*

Diese Aussage enthält kein Bild von Beschränkungen, Sparzwängen oder Krankheit. Sie vermittelt ein vierdimensionales Gefühl von Fülle und überlässt es der Unendlichen Intelligenz, die geeigneten Versorgungskanäle zu finden.

Sie müssen jeden Tag eine Wahl treffen: werden Sie klug sein oder töricht? Werden Sie sich auf Gutes vorbereiten? *Werden Sie den gewaltigen Sprung in den Glauben wagen?* Oder dienen sie weiter Zweifel und Angst und nehmen kein Öl für Ihre Lampen mit?

„Als sie aber hingingen zu kaufen, kam der Bräutigam, und die bereit waren, gingen mit ihm ein zur Hochzeit; und die Tür ward verschlossen. Später aber kamen auch die übrigen Jungfrauen und sagten: Herr, Herr, tue uns auf! Er aber antwortete und sprach: Wahrlich, ich sage euch, ich kenne euch nicht."[35]

---

33   Hiob 3,25 – Luther-Bibel 1912
34   in Anlehnung an: Sprüche 3,10 – Elberfelder Bibel 1905
35   Matthäus 25,10-12 – Elberfelder Bibel 1905

Sie haben vielleicht das Gefühl, dass die törichten Jungfrauen teuer dafür bezahlt haben, dass sie vergessen hatten, Öl für ihre Lampen mitzubringen. Doch wir haben es hier mit dem Gesetz des Karmas zu tun (oder dem Gesetz der Wiederkehr). Dieses Gesetz wird auch „Tag des jüngsten Gerichts" genannt, den die Leute gewöhnlich mit dem Ende der Welt assoziieren.

Ihr Jüngstes Gericht kommt, sagt man, in Siebenerintervallen – in sieben Stunden, sieben Tagen, sieben Wochen, sieben Monaten oder sieben Jahren. Es kann sogar in sieben Minuten kommen. Dann tragen Sie ein Quantum karmischer Schulden ab, den Preis dafür, gegen das Spirituelle Gesetz verstoßen zu haben. *Sie haben darin versagt, auf Gott zu vertrauen, Sie haben kein Öl für Ihre Lampen mitgenommen.*

Überprüfen Sie Tag für Tag Ihr Bewusstsein, um festzustellen, worauf Sie sich vorbereiten. Wenn Sie Angst vor Mangel haben und jeden Cent zweimal umdrehen, ziehen Sie damit weitere Engpässe an. Nutzen Sie, was Sie haben, mit Klugheit, dann öffnen Sie damit Kanäle, über die mehr zu Ihnen kommt.

In meinem Buch *Your Word is Your Wand*[36] spreche ich über eine magische Geldbörse. In *Tausendundeine Nacht* wird die Geschichte eines Mannes erzählt, der eine magische Geldbörse besitzt. Wenn immer das Geld darin ausgeht, wird sie ohne sein Zutun sofort wieder gefüllt.

Die Geschichte inspirierte mich zu folgendem Statement: *Meine Versorgung kommt von Gott – ich besitze die magische Geldbörse des Geistes. Sie kann niemals geleert werden. Wenn ich Geld ausgebe, kommt sofort neues nach. Sie ist immer voll, eine Quelle der Fülle – unter Gnade und auf perfekte Weise.*

Mein Statement schafft ein lebhaftes Bild im Geist: Sie heben Geld von der Bank der Imagination ab.

---

36 deutsch: „Dein Wort ist Dein Zauberstab"

Eine Frau, die nicht über viel Geld verfügte, hatte Angst davor, Rechnungen zu bezahlen und dabei zu sehen, wie ihr Bankguthaben schrumpfte. Sie übernahm meine Affirmation mit großer Überzeugung: „Ich besitze die magische Geldbörse des Geistes. Sie kann niemals geleert werden. Wenn ich Geld ausgebe, kommt sofort neues nach." Nun zahlte sie ihre Rechnungen ohne Furcht und erhielt in der Folge mehrere große Schecks, die sie nicht erwartet hatte.

„Wachet und betet, auf dass ihr nicht in Versuchung kommet"[37], euch auf etwas Destruktives vorzubereiten, anstatt auf etwas Konstruktives.

Ich kannte eine Frau, die mir erzählte, dass sie immer einen langen Kreppschleier bereit halte für den Fall einer Beerdigung. Ich sagte ihr: „Sie sind eine Bedrohung für Ihre Verwandten, denn Sie bereiten sich auf baldige Todesfälle vor, damit sie ihren Schleier tragen können." Daraufhin warf sie ihn weg.

Eine andere Frau, die kein Geld hatte, beschloss, ihre zwei Töchter aufs College zu schicken. Ihr Ehemann verhöhnte sie wegen dieser Idee und sagte: „Und wer soll das Schulgeld für sie bezahlen? Ich habe dafür kein Geld." Sie antwortete: „Ich weiß, *dass uns etwas unvorhergesehenes Gutes bevorsteht.*" Und sie fuhr fort, ihre Töchter aufs College vorzubereiten. Ihr Mann lachte schallend darüber und erzählte all ihren Freunden, dass seine Frau die Töchter aufs College schicken wolle, und dass „etwas unvorhergesehenes Gutes" dafür bezahlen würde. Bald darauf schickte ihnen ein reicher Verwandter aus heiterem Himmel einen Scheck über einen großen Betrag. „Etwas unvorhergesehenes Gutes" *war eingetroffen*, weil die Frau aktiven Glauben bewiesen hatte. Ich fragte sie, was sie ihrem Mann gesagt habe, als der Scheck eintraf. „Oh", antwortete sie, „ich stoße George nie vor den Kopf, indem ich ihn darauf hinweise, dass ich recht habe."

---

37 Markus 14,38 – Elberfelder Bibel 1905

Bereiten Sie sich also auf Ihr „unvorhergesehenes Gutes" vor. Bekräftigen Sie mit jedem Gedanken und mit jeder Handlung Ihren standhaften Glauben daran. Jedes Ereignis in Ihrem Leben ist eine kristallisierte Idee; etwas, das Sie entweder durch Angst oder durch Ihren Glauben in Ihr Leben eingeladen haben; *etwas, worauf Sie sich vorbereitet haben.*

Also lassen Sie uns klug sein und Öl für unsere Lampen mitnehmen. Dann werden wir, wenn wir es am wenigsten erwarten, die Früchte unseres Glaubens ernten.

Meine Lampen sind jetzt gefüllt mit dem Öl des Glaubens und der Erfüllung.

Was erwarten Sie?

Euch geschehe nach eurem Glauben.[38]

Glaube ist Erwartung: „Euch geschehe nach eurem Glauben."
Man kann also sagen, dass uns geschieht, was wir erwarten. Nun, was erwarten Sie?
Wir hören Leute sagen: „Wir erwarten das Schlimmste", oder: „Das Schlimmste steht uns noch bevor." Damit laden sie willentlich das Schlimmste ein!
Wir hören andere Leute sagen: „Ich erwarte eine Veränderung zum Besseren." Diese Leute laden bessere Umstände in ihr Leben ein.
Ändern Sie Ihre Erwartungen und Sie ändern damit Ihre Lebensumstände.
Wie aber können Sie Ihre Erwartungen ändern, wenn Sie es sich zur Gewohnheit gemacht haben, Verlust, Mangel oder Misserfolg zu erwarten?
Beginnen Sie damit, so zu tun, als *würden Sie* Erfolg, Glück und Fülle *erwarten; bereiten Sie sich auf Gutes vor.*
Tun Sie etwas, das Ihre Erwartung demonstriert, dass das Gewünschte eintritt. Nur aktiver Glaube beeindruckt das Unbewusste.
Wenn Sie das Wort für ein neues Zuhause gesprochen haben, fangen Sie sofort an, sich darauf vorzubereiten, so, als hätten Sie keinen Augenblick zu verlieren. Sammeln sie kleine Dekostücke, Tischdecken, etc.!
Ich kannte eine Frau, die mit einem Riesenschritt zum Glauben wechselte, indem Sie einen wuchtigen Sessel kaufte. Ein Stuhl hätte für sie Geschäft symbolisiert. Doch sie war gerade dabei, sich auf den richti-

---
38 Matthäus 9,29 – Elberfelder Bibel 1905

gen Mann vorzubereiten. Also kaufte sie einen großen, bequemen Sessel. Und der Mann kam.

Nun mag jemand einwerfen: „Was ist, wenn jemand das Geld nicht hat, um sich Zierrat oder einen Sessel zu kaufen?"

Dann machen Sie einen Schaufensterbummel und verbinden Sie sich mit den gewünschten Dingen in Gedanken.

Nehmen Sie die Schwingungen der Dinge auf. Manchmal höre ich Leute sagen: „Ich gehe nicht in Läden, weil ich es mir nicht leisten kann, etwas zu kaufen." Dabei ist gerade das ein Grund, in Läden zu gehen. Fangen Sie an, sich mit Dingen anzufreunden, die Sie benötigen oder sich wünschen.

Ich kenne eine Frau, die sich einen Ring wünschte. Sie trat beherzt in eine Schmuckabteilung und probierte Ringe an.

Das vermittelte ihr ein so starkes Gefühl, eines der Schmuckstücke wirklich zu besitzen, dass ihr nicht lange danach ein Freund tatsächlich einen Ring schenkte. „Man verbindet sich mit dem, was man bewusst wahrnimmt."

Nehmen Sie weiterhin bewusst schöne Dinge wahr, und Sie stellen damit unsichtbare Kontakte zu ihnen her. Früher oder später werden diese Dinge in ihr Leben gezogen werden, es sei denn Sie sagen: „Das wäre zu schön, um wahr zu sein."

„Nur auf Gott vertraue still meine Seele, denn von ihm kommt meine Erwartung."[39] Dies ist die wichtigste Aussage des 62. Psalms.

Die Seele ist das Unbewusste, und der Psalmist hat sein Unbewusstes angewiesen, alles direkt von der universellen Quelle zu erwarten und sich nicht auf Türen und Kanäle zu verlassen. „Denn von ihm kommt meine Erwartung."

---

39 Psalm 62,5 – Elberfelder Bibel 1905

Gott kann nicht scheitern, denn „seine Wege sind genial, seine Methoden sind sicher."

Sie können von Gott alles - selbst scheinbar unmögliches - Gute erwarten, wenn Sie die Kanäle nicht begrenzen.

Sagen Sie nicht, wie Sie es gemacht haben wollen, oder wie es nicht bewerkstelligt werden kann.

„Gott ist der Geber und die Gabe und *schafft sich seine eigenen erstaunlichen Kanäle.*"

Übernehmen Sie für sich folgendes Statement: *Ich kann von Gott, dem Geber nicht getrennt werden, deshalb kann ich auch vom Gott, der Gabe nicht getrennt werden. Die Gabe ist Gott in Aktion.*

Machen Sie sich klar, dass jeder Segen *Gutes in Aktion* ist, und sehen Sie Gott in jedem Gesicht und Gutes in jeder Situation. Das macht Sie zum Meister aller Lebensumstände.

Eine Frau kam zu mir und erzählte mir, dass die Heizkörper in ihrer Wohnung nicht heiß wurden, und dass Ihre Mutter an einer Erkältung litt. Sie fügte hinzu: „Der Vermieter hat erklärt, dass die Heizung bis zu einem bestimmten Datum außer Betrieb ist."

Ich antwortete: „Gott ist unser Vermieter."

Sie sagte: „Das war alles, was ich wissen wollte", und eilte davon. Am selben Abend wurde die Heizanlage ohne weitere Fragen eingeschaltet. Das lag daran, dass sie realisiert hatte, dass der Vermieter eine Manifestation Gottes war.

Dies ist eine wunderbare Zeit, weil die Menschen beginnen, sich auf Wunder einzustellen; es liegt in der Luft.

Ich zitiere aus einem Artikel von John Anderson, den ich in einer Ausgabe von „New York Journal and American" entdeckt habe und der bestätigt, was ich soeben gesagt habe.

Die Überschrift des Artikels lautet: „Theatergänger machen metaphysische Stücke zu Rennern".

„Wenn", sagte ein zynischer Theaterdirektor, den wir hier Brook Pemberton nennen wollen, mit leicht sarkastischem Unterton neulich abends bei einem Gespräch in der Pause, „ihr" – und damit meinte er uns Theaterkritiker – „doch so viel darüber wisst, was das New Yorker Publikum sehen will, wieso sagt ihr mir dann nicht, was ich auf die Bühne bringen soll? Warum helft ihr mir nicht dabei, das Theater am Laufen zu halten, statt mich aus dem Geschäft zu kritisieren? Warum sagt ihr mir nicht, welche Art von Stücken die Theatergänger sehen wollen?" „Das würde ich", sagte ich, „aber Sie würden es mir nicht glauben."

„Sie flunkern", sagte er. „Sie wissen es nicht, und Sie versuchen das damit zu kaschieren, dass Sie so tun, als wüssten Sie mehr, als Sie bereit sind zu sagen. Sie haben genauso wenig wie ich im Moment eine Idee, welche Art von Stück generell Erfolg hat."

„Doch, das habe ich", sagte ich. „Es gibt einen Erfolgsgaranten, ein Thema, das ankommt und das immer ankam, egal ob es sich gegen Liebesgeschichten, Kriminalgeschichten, historische Tragödien, etc. durchsetzen muss. Kein Stück aus diesem Genre ist jemals komplett durchgefallen, solange es nicht völlig ungenießbar war, und viele schwache Stücke sind Riesen-Hits geworden."

„Nun sagen Sie es doch endlich", drängte Mr. Pemberton. „Von welcher Art von Stücken reden Sie?"

„Von metaphysischen", antwortete ich, indem ich ein großes Wort in den Mund nahm, und wartete ruhig auf dessen Wirkung.

„Metaphysisch", sagte Mr. Pemberton. „Sie meinen metaphysisch?"

Ich hielt einen Moment lang inne, und zählte dann, weil Mr. Pemberton nichts mehr sagte, rasch ein paar Titel auf, wie: „Die grünen Weiden",[40] „Star-Wagon"[41], „Das Wunder des Malachias"[42], etc." „Einige von diesen Stücken", fügte ich hinzu, „erreichen das Publikum *über* die Köpfe der Kritiker hinweg."

Doch da war Mr. Pemberton schon fort, wahrscheinlich, um in jedem Theater der Stadt zu fragen: „Gibt es in diesem Haus einen Metaphysiker?"

Menschen beginnen, die Macht ihrer Worte und Gedanken zu realisieren. Sie verstehen die Richtigkeit der Aussage: „Glaube *ist* die Substanz dessen, worauf man hofft, und ein deutlicher Hinweis auf Dinge, die man nicht sieht."

Auf das Gesetz der Erwartung in Aktion trifft man häufig im Aberglauben.

Wenn Sie unter einer Leiter hindurch gehen und erwarten, dass Ihnen das Pech bringt, dann werden Sie auch Pech haben. Die Leiter ist daran allerdings unschuldig; Sie haben Pech, weil Sie es erwarten.

Wir können also sagen: „Erwartung ist die Substanz dessen, was man sich erhofft, oder die Substanz dessen, was man fürchtet." „Denn was ich erwartet habe, ist über mich gekommen."[43]

Nichts ist zu gut, um wahr zu sein, nichts ist zu wunderbar, um zu geschehen, nichts ist zu gut, um von Dauer zu sein, wenn Sie Ihr Gutes von Gott erwarten.

Denken Sie an die Segnungen, die so weit entfernt zu sein scheinen, und fangen Sie an, Sie jetzt zu erwarten, unter Gnade und auf unerwartetem Weg. Denn Gott wirkt auf unerwarteten Wegen, um seine Wunder zu vollbringen.

---

40 Marc Connelly: „The Green Pastures" – 1930 mit dem Pulitzer-Preis Theater ausgezeichnet
41 Maxwell Anderson: „Star-Wagon" – 1937
42 Bruce Marshall: „Father Malachy's Miracle" – 1938
43 in Anlehnung an: Hiob 3,25 – Luther-Bibel 1912

Man hat mir gesagt, dass die Bibel dreitausend Versprechen enthält.

Erwarten wir also, dass all diese Segnungen geschehen. Versprochen wird uns unter anderem: Reichtum und Ehre, ewige Jugend („Unser Fleisch wird wie das eines kleinen Kindes werden.") und ewiges Leben („Der Tod selbst wird überwunden werden.").

Das Christentum wurde auf der Vergebung der Sünden und einem leeren Grab gegründet.

Wir wissen heute, dass all diese Dinge aus wissenschaftlicher Sicht möglich sind.

Wenn wir uns auf das Gesetz der Vergebung berufen, werden wir frei von Fehlern und deren Konsequenzen. „Wenn eure Sünde gleich blutrot ist, soll sie doch schneeweiß werden; und wenn sie gleich ist wie Scharlach, soll sie doch wie Wolle werden."[44])

Dann werden unser Körper in Licht gebadet und ihre pulsierende Energie wird offenbar, die unzerstörbar ist – pure Substanz in vollendeter Perfektion.

Ich erwarte das Unerwartete,
und das Gute, das ich erhoffe, wird jetzt Wirklichkeit.

---

44 Jesaja 1,18 – Luther-Bibel 1912

Der lange Arm Gottes

„Zuflucht ist bei dem alten Gott und unter den ewigen Armen."[45]

In der Bibel symbolisiert der Arm Gottes immer Schutz. Die Autoren der Bibel wussten um die Macht von Symbolen. Ein Symbol liefert ein Bild, das sich dem Unbewussten einprägt. Die Autoren benutzten Felsen, Schafe, Hirten, Weinberge, Lampen und Hunderte andere Dinge als Symbole. Es wäre interessant zu wissen, wie viele Symbole in der Bibel vorkommen. Der Arm symbolisiert auch Stärke.

„Zuflucht ist bei dem alten Gott und unter den ewigen Armen. Und er wird vor dir her deinen Feind austreiben und sagen: Sei vertilgt!"
Wer sind die Feinde, die Sie hemmen und hindern? Es sind die negativen Gedankenformen, die Sie Ihrem Unbewussten eingeprägt haben. Die Feinde des Menschen existieren nur in seinem „eigenen Haushalt". Der ewige Arm treibt diese feindlichen Gedanken aus und zerstört sie.

Haben Sie je die Erleichterung gespürt, wenn Sie eine negative Gedankenform endlich losgeworden sind? Vielleicht haben Sie eine Gedankenform der Missgunst und des Grolls entwickelt, die mit der Zeit dazu führt, dass Sie ständig vor Wut kochen. Sie hegen Groll gegen Leute, die Sie kennen, gegen Leute, die sie nicht kennen – gegen Leute in der Vergangenheit und gegen Leute in der Gegenwart. Und wahrscheinlich ist Ihnen jetzt schon klar, dass auch die Leute in der Zukunft Ihrem Zorn nicht entgehen werden.

Alle Organe des Körpers werden durch Missgunst beeinträchtigt, denn wenn Sie Ärger empfinden, ärgern Sie sich mit jedem Organ Ih-

---

[45] 5. Mose 33,27 – Luther-Bibel 1912

res Körpers. Sie bezahlen die Strafe dafür in Form von Rheumatismus, Arthritis, Nervenentzündungen, etc., denn ätzende Gedanken produzieren Säure im Blut. All Ihr Ärger wird dadurch verursacht, dass Sie selbst in den Kampf ziehen, statt ihn dem langen Arm Gottes zu überlassen.

Ich habe vielen meiner Schüler das folgende Statement ans Herz gelegt: *Der lange Arm Gottes streckt sich über Menschen und Umstände aus. Er kontrolliert meine Situation und schützt meine Interessen.*

Es erzeugt ein Bild eines langen Arms, der Stärke und Schutz symbolisiert. Würden Sie die Macht des langen Arms Gottes als Realität akzeptieren, würden Sie sich Ihren Umständen nicht länger widersetzen oder Missgunst empfinden. Sie würden sich entspannen und loslassen. Die feindlichen Gedanken in Ihrem Inneren würden zerstört werden und *die widrigen Umstände dadurch verschwinden.*

Spirituelle Entwicklung erfordert die Fähigkeit, still zu stehen oder beiseite zu treten, und die Unendliche Intelligenz Ihre Bürde tragen und Ihre Kämpfe für Sie ausfechten zu lassen. Sobald Ihnen die Last der Missgunst abgenommen wird, erfahren sie ein tiefes Gefühl der Erleichterung. Sie werden freundlich gegenüber jedermann und alle Organe Ihres Körpers beginnen, wieder einwandfrei zu funktionieren.

In einem Zeitungsausschnitt, in dem Albert Edward Day[46] zitiert wird, steht:

> „Dass es gut für unsere spirituelle Gesundheit ist, unsere Feinde zu lieben, ist allgemein bekannt und akzeptiert. Aber dass Ablehnung und giftige Emotionen unsere physische Gesundheit zerstören, ist eine relativ neue Entdeckung. Gesundheitlichen Problemen liegen oft emotionale zugrunde. Falsche Emotionen, die gehegt und wie-

---

46 Albert Edward Day (1884-1973), Gründer des Ordens Disciplined Order of Christ (DOC)

derholt werden, sind wirkmächtige Ursachen für Krankheiten. Wenn der Prediger davon spricht, man solle seine Feinde lieben, ist der Mann auf der Straße meist geneigt, die Idee als unerträglich und fromm zu verwerfen. Tatsache ist aber, dass ihnen der Prediger etwas erzählt, das zu den ersten Gesetzen der Hygiene wie auch der Ethik gehört. Niemand kann es sich, auch seines Körpers wegen, leisten, in Hass zu schwelgen. Andauernder Hass wirkt wie wiederholt eingenommene Giftdosen. Wenn Sie Ängste ernsthaft loswerden wollen, hören Sie nicht auf einen versponnenen Idealisten, sondern suchen Sie sich Rat, der so bedeutsam für Ihre Gesundheit ist, wie ein Ernährungsplan."

Wir hören so viel über ausgeglichene Ernährung, aber ohne ausgeglichenen Geist können Sie nicht verdauen, was sie essen – mit oder ohne Kalorien.

Widerstandslosigkeit ist eine Kunst. Sobald Sie sie meistern, steht Ihnen die Welt offen! So viele Menschen versuchen, Situationen und Umstände zu erzwingen. Aber Gutes, das Dauer hat, kommt niemals zu ihnen, wenn Sie versuchen, Ihren Willen durchzusetzen.

„Flieh vor den Dingen, die vor dir fliehen.
Suche nichts, das Glück sucht dich.
Sieh seinen Schatten auf dem Boden!
Sieh hin, es steht schon an der Tür!"

Ich weiß nicht, wer der Autor dieser Zeilen ist. Lovelock[47], der gefeierte englische Athlet, wurde einmal gefragt, wie man seine Schnelligkeit und Ausdauer beim Laufen erreichen könne. Er antwortete: „Lernen Sie, sich zu entspannen". Lassen Sie uns diese Ruhe in der Aktion erreichen. Er war am entspanntesten, wenn er am schnellsten lief.

Ihre große Chance und Ihr großer Erfolg treten gewöhnlich dann ein, wenn Sie es am wenigsten erwarten. Sie müssen lange genug loslas-

---

47 Jack Lovelock (1910-1949) – Neuseeländischer Athlet, Olympiasieger 1936

sen, *um dem großartigen Gesetz der Anziehung Gelegenheit zu geben, seine Wirkung zu entfalten. Sie haben noch nie einen besorgten oder ängstlichen Magneten gesehen.* Er steht unbewegt und sorgt sich um nichts in der Welt, weil er sicher ist, dass die Nadeln gar nicht anders können, als ihn anzuspringen. Die Dinge, die wir uns rechtmäßig wünschen, geschehen, sobald wir aufhören, uns daran zu klammern.

Ich sage in meinem Fernlehrgang: „Lasst eure Herzenswünsche nicht zu Herzkrankheiten werden." Sie sind völlig entmagnetisiert, wenn Sie sich etwas zu intensiv wünschen. Sie sorgen sich, hegen Befürchtungen und zermartern sich den Kopf. Es gibt ein geheimes Gesetz der Indifferenz: „Nichts von alledem berührt mich." *Eure Schiffe kommen über ein gleichmütiges Meer herein.*

Viele Leute, die an die Wahrheit glauben, nerven ihre Freunde damit, dass sie sie unbedingt dazu bringen wollen, die Bücher zu lesen und zu den Vorträgen zu gehen. Damit stoßen sie auf Ablehnung.

Eine Freundin nahm mein Buch *Das Lebensspiel und wie man es spielt* ins Haus ihres Bruders mit. Die jungen Männer der Familie weigerten sich strikt, es zu lesen. So „krudes Zeug" war nichts für sie. Einer dieser jungen Männer fährt Taxi. Eines Nachts chauffierte er ein Taxi, das einem anderen Mann gehörte. Als er den Wagen inspizierte, entdeckte er ein Buch, das zwischen den Polstern steckte. Es war *Das Lebensspiel und wie man es spielt*. Am nächsten Tag sagte er zu seiner Tante: „Ich habe gestern Nacht Mrs. Shinns Buch in dem Taxi gefunden. Ich habe es gelesen und es ist großartig! Da stehen eine Menge interessante Dinge drin. Warum schreibt sie nicht noch ein Buch?" Gott nutzt verschlungene Wege, um seine Wunder zu wirken.

Ich treffe viele unglückliche Leute, aber auch dankbare und zufriedene. Ein Mann sagte eines Tages zu mir: „Ich habe eine Menge, wofür ich dankbar bin. Ich bin kerngesund, habe genug Geld und bin noch Single!"

Psalm 89 ist sehr interessant, denn wir stellen fest, dass darin zwei Individuen auftreten: der Mann, der den Psalm singt (denn alle Psalmen sind Lieder oder Gedichte) und Gott der Heerscharen, der im antwortet. Es ist ein Lied des Lobes und des Dankes, das den starken Arm Gottes würdigt.

„ Ich will singen von der Gnade des HERRN ewiglich."[48]

„ Jehova, Gott der Heerscharen, wer ist mächtig wie du, o Jah?"[49]

„Du hast einen gewaltigen Arm, stark ist deine Hand, hoch deine Rechte."[50]

Dann antwortet der Herr der Heerscharen:

„Mit welchem fest bleiben soll meine Hand, und mein Arm soll ihn stärken."[51]

„Ewig will ich ihm meine Güte bewahren, und mein Bund soll ihm fest bleiben."[52]

Das Wort „ewig" lesen wir nur in der Bibel und in Märchen. Im Absoluten befindet sich der Mensch außerhalb von Zeit und Raum. Sein Wohl währt „von Ewigkeit zu Ewigkeit". Die Märchen stammen ursprünglich von alten persischen Legenden ab, die auf der Wahrheit beruhen.

„Aladin und seine Wunderlampe" stellt das Wort in einem Bild dar. Aladin reibt seine Lampe, und all seine Wünsche werden ihm erfüllt. Ihr Wort ist Ihre Wunderlampe. Worte und Gedanken verbreiten sich in Form von Schwingungen und kehren nicht leer zurück. Ein Physiker hat festgestellt, dass Worte in Licht gekleidet sind. *Sie ernten kontinuierlich die Früchte Ihrer Worte.*

---

48 Psalm 89,2 – Luther-Bibel 1912
49 Psalm 89,8 – Elberfelder Bibel 1905
50 Psalm 89,13 – Elberfelder Bibel 1905
51 Psalm 89,21 – Elberfelder Bibel 1905
52 Psalm 89,28 – Elberfelder Bibel 1905

Eine Freundin brachte einen Mann zu einem meiner Treffen mit, von dem sie sagte, dass er schon ein Jahr oder länger arbeitslos sei. Ich empfahl ihm dieses Statement: *Nun ist die Zeit gekommen. Heute ist der Tag, an dem sich mein Leben zum Glücklichen wendet.* Da klickte es in seinem Unbewussten. Schon bald darauf bekam er einen guten Job, mit dem er neuntausend Dollar im Jahr verdiente.

Eine Frau erzählte mir, ich hätte, als ich die Kollekte segnete, gesagt, dass jede Spende tausendfach zurückkehren werde. Sie hatte einen Dollar in die Kollekte gegeben. Mit großer Überzeugung sagte sie: „Dieser Dollar ist gesegnet und wird mir tausend Dollar zurückbringen." Kurze Zeit später erhielt sie auf völlig unerwartete Weise tatsächlich tausend Dollar.

Warum realisieren manche Menschen diese Wahrheit so viel rascher als andere? Das liegt daran, dass sie Ohren haben, die hören. Jesus Christus erzählt in einer Parabel von einem Mann, der Samen aussät, die auf guten Boden fallen. Die Saat ist das Wort. Ich sage: *„Hört auf das Statement, das klickt, die Aussage, die sich verwirklicht. Dieses Statement wird Früchte tragen."*

Kürzlich ging ich in einen Laden, dessen Besitzer ich gut kenne. Ich hatte einer seiner Angestellten eine Affirmationskarte geschenkt. Scherzhaft hatte ich zu dem Ladenbesitzer gesagt: „An Sie würde ich keine Affirmationskarte verschwenden. Sie würden sie ja doch nicht verwenden." Er hatte darauf geantwortet: „Aber sicher doch, geben Sie mir eine. Ich werde sie nutzen." In der darauffolgenden Woche hatte ich ihm eine gegeben. Bevor ich den Laden verließ, kam er aufgeregt zu mir und sagte: „Ich habe das Statement auf der Karte affirmiert und da sind zwei neue Kunden in den Laden gekommen." Das war ein Fall von: „Nun ist die Zeit gekommen. Heute ist der Tag, an dem sich mein Leben zum Glücklichen wendet." Es hatte geklickt.

So viele Menschen nutzen ihre Worte in übertriebenen oder unbesonnenen Statements. Ich finde eine Menge Material für meine Vorträge im Schönheitssalon. Ein junges Mädchen wollte eine Zeitschrift lesen. Sie rief einer Angestellten zu: „Geben Sie mir bitte etwas schrecklich Neues und fürchterlich Aufregendes." Dabei wollte sie nur die neueste Ausgabe eines Filmmagazins haben. Sie hören Leute sagen: „Ich wünschte, etwas schrecklich Aufregendes würde passieren." Damit laden sie unglückliche aber aufregende Erfahrungen in ihr Leben ein. Und dann wundern sie sich, wenn sie etwas in der Art erleben, und fragen sich warum.

Es sollte einen Lehrstuhl für Metaphysik an jedem College geben. *Metaphysik ist die Weisheit vergangener Epochen.* Es sind die uralten Weisheiten, die jahrhundertelang in Indien, Ägypten und Griechenland gelehrt wurden. Hermes Trismegistos war ein großer Lehrer im Alten Ägypten. Seine Lehren wurden sorgfältig bewahrt und sind über zehn Jahrhunderte hinweg bis heute erhalten geblieben. Er lebte in Ägypten zu einer Zeit, als die menschliche Rasse noch in den Kinderschuhen steckte. Aber wenn Sie das Kybalion[53] aufmerksam lesen, werden Sie feststellen, dass das Buch genau das lehrt, was wir heute lehren. Es sagt, dass alle geistigen Zustände von Schwingungen begleitet werden. Sie verbinden sich mit dem, auf dessen Frequenz Sie schwingen. Lassen Sie uns also von nun an auf der Frequenz von Erfolg, Glück und Fülle schwingen.

Nun ist die Zeit gekommen. Heute ist der Tag,
an dem sich mein Leben zum Glücklichen wendet.

---

53 Das Buch „Kybalion", dessen Autorschaft nicht gänzlich geklärt ist, beinhaltet die sieben sogenannten „hermetischen Prinzipien".

Die Weggabelung

„Erwählet euch heute, wem ihr dienen wollt."[54]

Tag für Tag stehen wir vor der Notwendigkeit, eine Wahl zu treffen (eine Weggabelung).

„Soll ich dies tun oder das? Soll ich gehen oder bleiben?" Viele Menschen wissen nicht, was sie tun sollen. Sie laufen hierhin und dorthin und lassen andere Leute Entscheidungen für sie treffen, um es anschließend zu bereuen, dass sie deren Rat angenommen haben.

Dann gibt es Leute, die sich Dinge sorgfältig überlegen. Sie wiegen und messen die Situation, wie im Laden um die Ecke und sind überrascht, wenn sie es trotzdem nicht schaffen, ihr Ziel zu erreichen.

Und schließlich gibt es Leute, die dem magischen Pfad der Intuition folgen und sich im Handumdrehen in ihrem Verheißenen Land wiederfinden.

Intuition ist eine spirituelle Fähigkeit hoch über dem denkenden Verstand, doch auf diesem Pfad liegt alles, was Sie sich wünschen oder was Sie brauchen.

In meinem Buch *Das Spiel des Lebens und wie man es spielt* gebe ich viele Beispiele für Erfolge, die durch die Nutzung dieser wunderbaren Fähigkeit erzielt wurden. Ich sage auch, dass ein Gebet ein Telefonanruf bei Gott ist, und Intuition ist Gott, der Sie anruft.

Entscheiden Sie sich deshalb heute dafür, dem magischen Pfad zu folgen.

In meinen Fragen- und Antworten-Kursen erkläre ich den Teilnehmen, wie sie ihre Intuition kultivieren.

---

54 Josua 24,15 – Elberfelder Bibel 1905

Bei den meisten Menschen liegt diese Fähigkeit in tiefem Schlaf. Deshalb sagen wir: „Erwache, der da schläft. Wach auf und achte auf Hinweise und Ahnungen. Erwecke die Göttlichkeit in dir!"

Claude Bragdon[55] sagte: „Intuitiv zu leben bedeutet, vierdimensional zu leben."

Nun ist es für Sie notwendig, eine Entscheidung zu treffen, denn Sie stehen an einer Weggabelung. *Bitten Sie um einen unmissverständlichen Hinweis* und Sie werden ihn erhalten.

Im Buch Josua finden wir viele Ereignisse, die sich metaphysisch interpretieren lassen. Nach Moses' Tod ging der göttliche Auftrag an Josua über. „So mache dich nun auf und zieh über den Jordan, du und dies ganze Volk, in das Land, das ich ihnen, den Kindern Israel, gegeben habe. Alle Stätten, darauf eure Fußsohlen treten werden, habe ich euch gegeben."[56]

Die Füße sind ein Symbol für Verständnis. Metaphysisch betrachtet bedeutet das, dass alles was wir verstehen, im Bewusstsein unter uns steht. Und was dort verwurzelt ist, kann uns niemals genommen werden.

Die Bibel fährt fort: „Es soll niemand vor dir bestehen alle Tage deines Lebens [...] Ich werde dich nicht versäumen und dich nicht verlassen."[57] „Nur sei sehr stark und mutig, dass du darauf achtest, zu tun nach dem ganzen Gesetz, welches mein Knecht Mose dir geboten hat. Weiche nicht davon ab zur Rechten noch zur Linken, auf dass es dir gelinge überall, wohin du gehst."[58]

Wir sehen also: Wir haben dadurch Erfolg, dass wir dem Spirituellen Gesetz stark und voller Mut folgen. Wir sind wieder an der Weggabe-

---

55 Claude Bragdon (1866-1946) – US-amerikanischer Architekt, Autor, Theosoph
56 Josua 1,2-3 – Luther-Bibel 1912
57 Josua 1,5 – Elberfelder Bibel 1905
58 Josua 1,7 – Elberfelder Bibel 1905

lung angelangt – bei der Notwendigkeit, zu wählen und eine Entscheidung zu treffen.

„Erwählet euch heute, wem ihr dienen wollt,"[59] dem Verstand oder göttlicher Führung.

Ein bekannter Mann, der zu einer großen Nummer in der Finanzwelt geworden war, sagte zu einem Freund: „Ich folge immer meiner Intuition und bin das Glück in Person."

Inspiration (die göttliche Führung ist) ist das Wichtigste im Leben. Menschen kommen zu Wahrheitstreffen auf der Suche nach Inspiration. Ich habe festgestellt, dass das richtige Wort göttliche Aktivität in ihren täglichen Angelegenheiten Einzug halten lässt.

Eine Frau kam wegen einer Komplikation in ihren Angelegenheiten zu mir. Ich sagte zu ihr: „Lassen Gott mit Ihrer Situation jonglieren." Da klickte es. Sie übernahm die Affirmation: „Ich lasse jetzt Gott mit meiner Situation jonglieren." In kürzester Zeit mietete sie ein Haus, das lange Zeit leer gestanden hatte.

Lassen Sie Gott in jeder Situation die Bälle in der Luft zu halten, denn wenn Sie versuchen, selbst mit ihren Angelegenheiten zu jonglieren, dann lassen Sie alle Bälle fallen.

In meinen Fragen- und Antworten-Kursen werde ich oft gefragt: „Wie lässt man Gott mit einer Situation jonglieren, und was meinen Sie damit, wenn Sie sagen, ich solle nicht selbst damit jonglieren?"

Sie jonglieren mit dem Verstand. Und der Verstand würde sagen: „Die Zeiten sind hart und auf dem Immobilienmarkt läuft nichts. Erwarte nichts vor Herbst 1958."

Ihm Rahmen des Spirituellen Gesetzes gibt es nur das *Jetzt*. Bevor Sie rufen, erhalten Sie die Antwort, denn „Zeit und Raum sind nichts als ein Traum." Und *Ihre Segnung wartet hier und jetzt darauf, von Ihnen durch Ihren Glauben und Ihr Wort abgerufen zu werden.*

---

59 Josua 24,15 – Elberfelder Bibel 1905

„Erwählet euch heute, wem ihr dienen wollt.", der Angst oder dem Glauben.

In jeder Handlung, die von Angst ausgelöst wird, steckt der Keim ihres eigenen Misserfolgs.

Es kostet viel Kraft und Mut, auf Gott zu vertrauen. Wir verlassen uns oft in kleinen Dingen auf ihn, doch wenn es um große Angelegenheiten geht, haben wir das Gefühl, wir sollten uns besser selbst darum kümmern. Die Folge sind Misserfolge und Niederlagen.

Der folgende Ausschnitt aus einem Brief, den ich von einer Frau im Westen erhalten habe, zeigt, wie sich Umstände im Handumdrehen ändern können.

„Ich hatte das Vergnügen, Ihr wunderbares Buch *Das Lebensspiel und wie man es spielt* zu lesen. Ich habe vier Jungen im Alter von zehn, dreizehn, fünfzehn und siebzehn Jahren, und ich dachte mir, wie wundervoll es wäre, wenn sie es jetzt, in ihren jungen Jahren, schon verstehen würden und dadurch in der Lage wären, alles zu bekommen, was ihnen nach Göttlichem Recht zusteht.

Die Dame, die mir ihr Exemplar lieh, gab mir auch ein paar andere Dinge zum Lesen, doch es schien mir, als ich dieses Buch in die Hand nahm, dass es magnetisch war und ich es nicht mehr weglegen konnte. Nachdem ich es gelesen hatte, stellte ich fest, dass ich mir zwar Mühe gab, göttlich zu leben, aber das Gesetz wohl nicht richtig verstand, weil ich mich sonst schon viel weiter hätte entwickelt haben müssen.

Anfangs dachte ich, es wäre ziemlich schwierig, nach so vielen Jahren, in denen ich nur Mutter war, einen Platz in der Berufswelt zu finden. Aber ich hatte mir dieses Statement zu eigen gemacht: 'Gott bahnt einen Weg, wo keiner ist.' Und genau das hat er für mich getan.

Ich bin dankbar für meine Position und ich lächle, wenn Leute zu mir sagen: 'Wie schaffst du es nur, neben all den Krankenhausaufenthalten und den schweren Operationen vier Jungen großzuziehen und den Haushalt zu managen, obwohl du in der Gegend keine Verwandten hast?'"

Ich habe dieses Statement in meinem Buch: „*Gott bahnt einen Weg, wo keiner ist.*"

Gott bahnte ihr einen Weg ins Berufsleben, als all ihre Freunde sagten, dass das nicht möglich wäre.

Der Durchschnittsmensch wird Ihnen zu fast allem sagen, dass es nicht möglich ist.

Vor einigen Tagen erlebte ich ein Beispiel. Ich entdeckte in einem Laden eine reizende kleine silberne Espressokanne, mit der man eine einzelne Tasse aufbrühen kann. Weil ich sie so hübsch fand, zeigte ich sie begeistert einigen Freundinnen. Eine von ihnen meinte: „Das Ding wird nie funktionieren." Eine andere sagte: „Wenn sie mir gehörte, würde ich sie wegwerfen." Ich verteidigte die kleine Kanne und sagte, ich wäre sicher, dass sie funktionierte. Und das tat sie auch.

Meine Freundinnen waren einfach typische Durchschnittsmenschen, die gerne sagen: „Das ist nicht möglich, das geht doch nicht."

Alle großen Ideen stoßen auf Widerspruch.

Lassen Sie nicht andere Leute Ihr Boot zum Schwanken bringen.

Folgen Sie dem Pfad der Weisheit und der Einsicht, und „weiche nicht davon ab zur Rechten noch zur Linken, auf dass es dir gelinge überall, wohin du gehst."

Im dreizehnten Vers des vierundzwanzigsten Kapitels von Josua lesen wir folgendes bemerkenswerte Statement: „Und ich habe euch ein Land gegeben, daran ihr nicht gearbeitet habt, und Städte, die ihr nicht gebaut habt, dass ihr darin wohnt und eßt von Weinbergen und Ölbäumen, die ihr nicht gepflanzt habt."[60]

Dies zeigt, dass der Mensch nichts *verdienen* kann, seine Segnungen kommen als Geschenke (als Geschenke, damit niemand damit prahlt).

Mit der *geistigen Realisierung von Wohlstand*, erhalten wir Wohlstand als Geschenk. Mit der Realisierung von Erfolg, bekommen wir Erfolg geschenkt. Denn Erfolg und Fülle sind geistige Zustände.

„Denn Jehova, unser Gott, ist es, der uns und unsere Väter aus dem Lande Ägypten, aus dem Hause der Knechtschaft, heraufgeführt hat."[61]

Das Land Ägypten steht für Dunkelheit – das Haus der Knechtschaft, wo der Mensch ein Sklave seiner Zweifel und Ängste ist und an Mangel und Beschränkungen glaubt, weshalb er an der Gabelung den falschen Weg gewählt hat.

Misserfolge und Pech sind eine Folge der Unfähigkeit, sich an das zu halten, was der Geist über die Intuition offenbart hat.

Alle großen Dinge wurden von Menschen vollbracht, die an ihren großen Ideen festgehalten haben.

Henry Ford hatte seine Lebensmitte bereits überschritten, als ihm die Idee des Ford-Autos kam. Er hatte große Schwierigkeiten damit, Geld zu beschaffen. Seine Freund hielten seine Idee für verrückt. Sein Vater sagte zu ihm mit Tränen in den Augen: „Henry, warum gibst du deinen guten Job auf, der dir fünfundzwanzig Dollar die Woche einbringt, um einer verrückten Idee hinterher zu jagen?" Doch niemand schaffte es, Henry Fords Boot zum Schwanken zu bringen.

Um also aus dem Land Ägypten und aus dem Haus der Knechtschaft zu entkommen, müssen wir die richtigen Entscheidungen treffen.

---

60   Josua 24,13 – Luther-Bibel 1912
61   Josua 24,17 – Elberfelder Bibel 1905

Folgen Sie an der Gabelung dem richtigen Weg. „Nur sei sehr stark und mutig, dass du darauf achtest, zu tun nach dem ganzen Gesetz, welches mein Knecht Mose dir geboten hat. Weiche nicht davon ab zur Rechten noch zur Linken, auf dass es dir gelinge überall, wohin du gehst."[62]

Wenn wir also heute die Weggabelung erreichen, lassen Sie uns furchtlos der Stimme unserer Intuition folgen.

Die Bibel nennt sie „die leise kleine Stimme."[63]

„Hinter mir ertönte eine Stimme, die sagte: 'Dies ist der Weg, gehe ihn'."

Auf diesem Weg ist das Gute schon für Sie vorbereitet.

Sie finden das „Land, daran ihr nicht gearbeitet habt, und Städte, die ihr nicht gebaut habt, dass ihr darin wohnt und eßt von Weinbergen und Ölbäumen, die ihr nicht gepflanzt habt."

Ich werde göttlich geleitet und
folge dem richtigen Weg an der Gabelung.
Gott bahnt einen Weg, wo keiner ist.

---

62 Josua 1,7 – Elberfelder Bibel 1905
63 in Anlehnung an: 1. Könige 19,12

Durchqueren Sie Ihr Rotes Meer

„Rede zu den Kindern Israel, dass sie aufbrechen."[64]

Eine der dramatischsten Geschichten in der Bibel ist die Episode, in der die Kinder Israels das Rote Meer durchqueren.

Moses führte sie aus Ägypten hinaus, wo sie in Sklaverei gehalten und von den Ägyptern verfolgt worden waren.

Wie die meisten Menschen, fanden die Kinder Israels keinen Gefallen daran, auf Gott zu vertrauen. Sie murrten viel und sprachen zu Moses: „ Ist's nicht das, das wir dir sagten in Ägypten: Höre auf und lass uns den Ägyptern dienen? Denn es wäre uns ja besser den Ägyptern dienen als in der Wüste sterben."[65]

„Mose sprach zum Volk: Fürchtet euch nicht, stehet fest und sehet zu, was für ein Heil der Herr heute an euch tun wird. Denn diese Ägypter, die ihr heute sehet, werdet ihr nimmermehr sehen ewiglich.

Der Herr wird für euch streiten, und ihr werdet still sein."[66]

Man könnte sagen, dass Moses den Kinder von Israel den Glauben eintrichterte.

Sie zogen es vor, Sklaven ihrer alten Zweifel und Ängste zu bleiben (denn Ägypten steht für Dunkelheit), statt den gewaltigen Schwenk in den Glauben zu wagen und durch die Wüste in ihr Verheißenes Land zu ziehen.

Man muss tatsächlich eine Wüste durchqueren, bevor man sein Verheißenes Land erreicht.

---

64 2. Mose 14,15 – Elberfelder Bibel 1905
65 2. Mose 14,12 – Luther-Bibel 1912
66 2. Mose 14,13-14 – Luther-Bibel 1912

Die alten Zweifel und Ängste umlagern Sie, aber es taucht immer jemand auf, der Sie auffordert, unverzagt weiterzuziehen! Es gibt immer einen Moses auf Ihrem Weg. Manchmal ist es ein Freund und manchmal Intuition!

„Und Jehova sprach zu Mose: Was schreiest du zu mir? rede zu den Kindern Israel, *dass sie aufbrechen.*

Und du, erhebe deinen Stab und strecke deine Hand aus über das Meer und spalte es, dass die Kinder Israel mitten in das Meer hineingehen auf dem Trockenen."[67]

„Und Mose streckte seine Hand aus über das Meer, und Jehova trieb das Meer durch einen starken Ostwind hinweg, die ganze Nacht, und machte das Meer trocken, und die Wasser wurden gespalten.

Und die Kinder Israels gingen mitten in das Meer hinein auf dem Trockenen, und die Wasser waren ihnen eine Mauer zur Rechten und zur Linken.

Und die Ägypter jagten ihnen nach und kamen hinter ihnen her, alle Rosse des Pharao, seine Wagen und seine Reiter, mitten ins Meer."[68]

„Und Jehova sprach zu Mose: Strecke deine Hand aus über das Meer, dass die Wasser über die Ägypter zurückkehren, über ihre Wagen und über ihre Reiter.

Da streckte Mose seine Hand aus über das Meer, und das Meer kehrte beim Anbruch des Morgens zu seiner Strömung zurück; und die Ägypter flohen ihm entgegen; und Jehova stürzte die Ägypter mitten ins Meer.

Und die Wasser kehrten zurück und bedeckten die Wagen und die Reiter der ganzen Heeresmacht des Pharao, die hinter ihnen her ins Meer gekommen waren; es blieb auch nicht einer von ihnen übrig."[69]

---

67 2. Mose 14,16 – Elberfelder Bibel 1905
68 2. Mose 14,21-23 – Elberfelder Bibel 1905
69 2. Mose 14,26-28 – Elberfelder Bibel 1905

Denken Sie daran, dass die Bibel über das Individuum spricht. Sie spricht über Ihre Wüste, Ihr Rotes Meer und *Ihr* Verheißenes Land.

Jeder Mensch hat sein Verheißenes Land, seinen Herzenswunsch, aber Sie wurden von den Ägyptern (Ihren negativen Gedanken) so versklavt, dass es sehr weit entfernt zu liegen und zu gut um wahr zu sein scheint. Sie halten es für ein sehr riskantes Unternehmen, Ihr Vertrauen auf Gott zu setzen. Denn die Wüste könnte sich als schlimmer erweisen, als die Ägypter.

Und wie können Sie sicher sein, dass Ihr Verheißenes Land tatsächlich existiert?

Der denkende Verstand wird sich immer hinter die Ägypter stellen.

Aber früher oder später sagt etwas: *„Brich auf!"* Es sind normalerweise Umstände – Sie werden dazu getrieben.

Ich erzähle Ihnen als Beispiel von einer meiner Schülerinnen:

Sie ist eine fabelhafte Pianistin und hatte großen Erfolg im Ausland. Sie kam von ihrer Reise mit einem Ordner voller Zeitungsausschnitte und einem glücklichen Herzen zurück.

Eine Verwandte fand Interesse an ihr und sagte, sie würde sie bei einer Konzerttournee finanziell unterstützen. Sie engagierten einen Manager, der sich um die Finanzen und die Konzertbuchungen kümmern sollte.

Doch nach ein oder zwei Konzerten war kein Geld mehr da. Der Manager hatte es an sich genommen. Meine Freundin war gescheitert, einsam und bitter enttäuscht. Etwa um diese Zeit kam sie zu mir.

Sie hasste den Mann und das machte sie krank. Sie hatte sehr wenig Geld und konnte sich nur ein trostloses Zimmer leisten, in dem ihre Hände oft zu kalt zum Üben waren.

Sie steckte in der Knechtschaft der Ägypter fest – gefesselt von Hass, Missgunst, Mangel und Beschränkung.

Jemand brachte sie zu einem meiner Treffen mit. Sie sprach mit mir und erzählte mir ihre Geschichte.

Ich sagte: „Zuallererst müssen Sie aufhören, diesen Mann zu hassen. Sobald Sie in der Lage sind, ihm zu vergeben, wird Ihr Erfolg zurückkehren. Das ist Ihr Einstieg in die Fähigkeit der Vergebung."

Das schien eine gewaltige Aufgabe zu sein, aber sie bemühte sich redlich und kam zu all meinen Treffen.

In der Zwischenzeit hatte die Verwandte einen Prozess angestrengt, um ihr Geld zurückzubekommen. Doch die Zeit verging und die Sache kam nicht vor Gericht.

Meine Freundin wurde nach Kalifornien eingeladen. Sie hatte ihre innere Ruhe wiedergefunden und dem Mann vergeben.

Plötzlich, nach etwa vier Jahren, wurde sie darüber benachrichtigt, dass ihr Fall nun endlich vor Gericht verhandelt werde. Sie rief mich bei ihrer Ankunft in New York an und bat mich, das Wort für Korrektheit und Gerechtigkeit zu sprechen.

Sie und ihre Verwandte gingen zum anberaumten Termin ins Gericht. Dort kam es zu einer gütlichen Einigung, und der Mann verpflichtete sich, das Geld in monatlichen Raten zurückzuzahlen.

Freudestrahlend kam sie zu mir und sagte: „Ich empfand nicht den geringsten Groll gegen den Mann. Er war verblüfft, als ich ihn herzlich begrüßte." Ihre Verwandte verfügte, dass alle Rückzahlungen an die Pianistin gehen sollten, deren Bankkonto zu ihrer großen Freude wuchs und wuchs.

Nun wird sie ihr Verheißenes Land bald erreichen. Sie kam aus dem Haus der Knechtschaft (von Hass und Missgunst) und durchquerte ihr Rotes Meer. Ihr Wohlwollen dem Mann gegenüber veranlasste das Wasser, sich zu teilen, und sie schritt über trockenes Land.

Trockenes Land symbolisiert etwas Wesentliches unter Ihren Füßen, die Füße symbolisieren Verständnis.

Moses ragt als eine der größten unter den Figuren der biblischen Geschichte hervor.

„Es kam Mose, dass er Ägypten mit seinem Volk verlassen sollte. Die Aufgabe, die vor ihm lag, war aus zweierlei Gründen groß: zum einen stand seinem Vorhaben die Weigerung des Pharaos entgegen, die ziehen zu lassen, die er zu profitablen Sklaven gemacht hatte, zum anderen musste er sein Volk zu einer offenen Revolution anstiften, das unter der Knechtschaft der ägyptischen Zuchtmeister jeglichen Antrieb verloren hatte."

„Es erforderte außergewöhnliche Genialität, diese Aufgabe zu meistern. Moses besaß sie in Form von Selbstverleugnung und dem Mut, zu seinen eigenen Überzeugungen zu stehen. Selbstverleugnung! Er wurde der sanftmütigste Mann genannt. Wir haben oft den Ausdruck 'So sanftmütig wie Moses' gehört. Er fügte sich so sanftmütig den Aufträgen des Herrn, dass er zum stärksten aller Männer wurde."

Der Herr sprach zu Moses: „Und du, erhebe deinen Stab und strecke deine Hand aus über das Meer und spalte es, dass die Kinder Israel mitten in das Meer hineingehen auf dem Trockenen."[70]

So sagte Moses, niemals zweifelnd, zu den Kindern Israels: „Brecht auf." Es erforderte immensen Mut, eine so große Menge von Leuten ins Meer zu führen, geleitet von dem festen Glauben, dass sie nicht ertrinken würden.

Und siehe da, das Wunder geschah!

„… und Jehova trieb das Meer durch einen starken Ostwind hinweg, die ganze Nacht, und machte das Meer trocken, und die Wasser wurden gespalten."[71]

Nun stellen Sie sich vor, dass so etwas auch *für Sie* noch heute geschehen könnte. Denken Sie an Ihr Problem.

---

70 2. Mose 14,16 – Elberfelder Bibel 1905
71 2. Mose 14,21 – Elberfelder Bibel 1905

Vielleicht haben Sie Ihre Initiative verloren, weil Sie so lange als Sklave des Pharaos (Ihrer Zweifel, Ängste und Entmutigungen) gelebt haben.

Sagen Sie zu sich selbst: *„Brich auf!"*

„... Jehova trieb das Meer durch einen starken Ostwind hinweg."

Stellen Sie sich den starken Ostwind als mächtige Affirmation vor.

Übernehmen Sie ein vitales Statement der Wahrheit. Wenn Ihr Problem zum Beispiel ein finanzielles ist, sagen Sie: *„Meine Versorgung kommt von Gott, und auf mich kommen jetzt große glückliche finanzielle Überraschungen zu – unter Gnade und auf perfekten Wegen."* Diese Aussage ist gut, weil sie das Element des Geheimnisvollen enthält.

Uns wird gesagt, dass Gott seine Wunder auf geheimnisvollen Wegen wirkt. Nun, da Sie sich durch Ihr Statement bewusst gemacht haben, woher Ihre Versorgung stammt, haben Sie den Ostwind veranlasst zu wehen.

Gehen Sie zu Ihrem Roten Meer des Mangels oder der Beschränkung. Zu Ihrem Roten Meer gehen Sie, indem Sie etwas tun, womit Sie Ihre Furchtlosigkeit demonstrieren.

Ich erzähle Ihnen die Geschichte einer Schülerin, die von Freunden in ein schickes Sommer-Resort eingeladen wurde.

Sie lebte seit langer Zeit auf dem Land und hatte Gewicht zugelegt, und nun passte ihr nichts mehr, als die Pfadfinderinnenuniform aus ihrer Mädchenzeit. Da erhielt sie aus heiterem Himmel die Einladung. Das bedeutete, sie brauchte Abendkleider, Schuhe und Accessoires. All das hatte sie nicht und auch kein Geld, um einkaufen zu gehen. Deshalb kam sie zu mir. Ich sagte: „Was sagt Ihre Intuition?"

Sie antwortete: „Ich fühle mich sehr furchtlos. Ich habe so eine Ahnung, dass ich hinfahren sollte."

Also quetschte sie sich in Klamotten, in denen sie reisen konnte, und fuhr los.

Als sie im Haus ihrer Freundin ankam, wurde sie herzlich empfangen, aber ihre Gastgeberin sagte etwas verlegen: „Vielleicht habe ich damit etwas getan, was dich verletzt, aber ich habe dir ein paar Abendkleider und Schuhe, die ich nie trage, in dein Zimmer gelegt. Magst du sie mal anprobieren?"

Meine Freundin versicherte ihr, dass sie das sehr gerne tun würde – und alles passte perfekt.

Sie war tatsächlich zu ihrem Roten Meer gegangen und über trockenes Land geschritten.

Die Wasser meines Roten Meeres teilen sich
und ich schreite über trockenes Land.
Ich bin auf bestem Weg in mein Verheißenes Land.

Der Wächter am Tor

„Und ich habe Wächter über euch bestellt, die da sagen: Merket auf den Schall der Posaune!"[72]

Wir brauchen alle einen Wächter am Tor unserer Gedanken. Dieser Wächter am Tor ist das Überbewusstsein.

Wir haben die Macht, unsere Gedanken zu wählen.

Nachdem wir seit Tausenden von Jahren in der Gedankenwelt unserer Rasse gelebt haben, erscheint es fast als unmöglich, unsere Gedanken zu kontrollieren. Sie stürmen durch unseren Geist wie eine Herde Rinder oder Schafe.

Doch ein einzelner Schäferhund kann eine Herde verschreckter Schafe kontrollieren und in ihren Stall führen.

Neulich sah ich in der Wochenschau eine kurze Filmsequenz eines Schäferhundes, der Schafe zusammentrieb. Er hatte alle bis auf drei beisammen. Diese drei leisteten Widerstand und wehrten sich. Sie blökten und hoben protestierend die Vorderhufe. Der Hund jedoch setzte sich nur vor sie hin und ließ keines aus dem Blick. Er bellte nicht und drohte ihnen nicht. Er saß einfach nur da und starrte sie mit Entschlossenheit an. Nach einer kurzen Weile schüttelten die Schafe den Kopf und trotteten in den Pferch.

Auf dieselbe Weise können wir lernen, unsere Gedanken zu kontrollieren: mit freundlicher Entschlossenheit, nicht mit Gewalt.

Wir wählen eine Affirmation und wiederholen diese ständig, wenn immer unsere Gedanken Karussell fahren.

Wir können unsere Gedanken nicht immer kontrollieren, aber *wir können jederzeit unsere Worte kontrollieren*. Wiederholtes prägt sich dem

---

[72] Jeremia 6,17 – Elberfelder Bibel 1905

Unbewussten ein, und macht uns zum Meister unserer Lebensumstände.

Im sechsten Kapitel von Jeremia lesen wir: „Und ich habe Wächter über euch bestellt, die da sagen: Merket auf den Schall der Posaune!"

Ihr Erfolg und Ihr Lebensglück hängen vom Wächter am Tor Ihrer Gedanken ab, weil sich Ihre Gedanken früher oder später in der äußeren Welt kristallisieren.

Leute denken oft, sie könnten sich einer negativen Situation entziehen, indem sie vor ihr davonlaufen. Doch sie werden, egal wohin sie gehen, dieser Situation immer wieder begegnen.

Sie werden dieselben Erfahrungen wieder und wieder machen, bis sie ihre Lektionen gelernt haben. Diese Idee spielt in dem Film „Der Zauberer von Oz" eine bedeutende Rolle.

Dorothy, ein kleines Mädchen, ist sehr unglücklich, weil die böse Frau im Dorf ihr ihren Hund Toto wegnehmen will.

In ihrer Verzweiflung geht sie zu ihrer Tante Em und ihrem Onkel Henry, um sich ihnen anzuvertrauen. Doch die beiden sind zu beschäftigt, um ihr richtig zuzuhören, und raten ihr: „Lauf weg."

Sie sagt zu Toto: „Es gibt irgendwo einen wundervollen Ort hoch über den Wolken, an dem alle glücklich sind und niemand böse ist." Wie gerne wäre sie dort!

Da rast plötzlich ein Kansas-Wirbelsturm des Weges. Sie und Toto werden in die Höhe gerissen und landen hoch über den Wolken im Land Oz.

Anfangs scheint dort alles ganz wunderbar zu sein, doch schon bald macht Dorothy dieselben alten Erfahrungen. Die böse Frau aus ihrem Dorf hat sich in eine schreckliche Hexe verwandelt und ist noch immer hinter Toto her, um ihn ihr wegzunehmen.

Nun wünscht sich Dorothy, sie wäre wieder daheim in Kansas.

Man sagt ihr, sie solle sich auf die Suche nach dem Zauberer von Oz machen. Er sei überaus mächtig und werde ihr ihren Wunsch erfüllen.

So macht sie sich auf den Weg, um den Palast des Zauberers in der Smaragdstadt zu finden.

Unterwegs lernt Dorothy eine Vogelscheuche kennen. Die ist schrecklich unglücklich, weil sie kein Gehirn hat.

Sie trifft einen Blechmann, der ebenso unglücklich ist, weil er kein Herz hat.

Und schließlich begegnet sie einem Löwen, der unglücklich ist, weil er keinen Mut besitzt.

Sie muntert die drei auf, indem sie sagt: „Wir gehen alle zum Zauberer von Oz und er wird uns geben, was wir uns wünschen": der Vogelscheuche ein Gehirn, dem Blechmann ein Herz und dem Löwen Mut.

Unterwegs machen sie schlimme Erfahrungen, weil die böse Hexe alles daransetzt, Dorothy zu fangen und ihr Toto wegzunehmen sowie die roten Schuhe, die das Mädchen schützen.

Endlich erreichen sie den Smaragdpalast des Zauberers von Oz.

Die vier Freunde bitten um eine Audienz, müssen aber erfahren, dass noch nie jemanden den Zauberer von Oz gesehen hat, der geheimnisumwittert in dem Schloss lebt.

Doch mit der Hilfe der guten Hexe des Nordens betreten sie den Palast trotzdem. Dort finden sie heraus, dass der Zauberer nur ein Möchtegern-Magier aus Dorothys Heimatort in Kansas ist.

Sie sind alle am Boden zerstört, weil ihre Wünsche nun doch nicht erfüllt werden können!

Doch dann zeigt ihnen die gute Hexe, dass ihre Wünsche bereits erfüllt sind. Durch all die Entscheidungen, die sie im Lauf ihrer Erfahrungen treffen musste, hat die Vogelscheuche ein Gehirn entwickelt.

Der Blechmann stellt fest, dass er ein Herz besitzt, weil er Dorothy liebt. Und der Löwe ist mutig geworden, weil er bei seinen vielen Abenteuern Mut beweisen musste.

Die gute Hexe des Nordens fragt Dorothy: „Was hast du aus deinen Erfahrungen gelernt?", und das Mädchen antwortet darauf: „Ich habe gelernt, dass mein Herzenswunsch in meinem eigenen Haus und in meinem Vorgarten zu finden ist." Da schwingt die gute Hexe ihren Zauberstab, und Dorothy ist wieder zuhause.

Sie wacht auf und stellt fest, dass die Vogelscheuche, der Blechmann und der Löwe Männer sind, die auf der Farm ihres Onkels arbeiten. Die drei freuen sich sehr, sie wieder zu haben. Diese Geschichte lehrt uns, *dass Ihnen Ihre Probleme, wenn Sie vor Ihnen davonrennen, hinterher laufen.*

Bleiben Sie von einer Situation *unberührt*, verliert sie von selbst an Gewicht.

Es gibt ein geheimes Gesetz der Gleichmut: „Nichts von alledem berührt mich." In moderner Sprache können wir stattdessen auch sagen: „Nichts von alledem beunruhigt mich."

Sobald Sie sich nicht mehr beunruhigen lassen, wird sich alle Unruhe in der äußeren Welt auflösen.

„Wenn deine Augen deine Lehrer gesehen haben, werden die Lehrer verschwinden."

„Und ich habe Wächter über euch bestellt, die da sagen: Merket auf den Schall der Posaune!"

Eine Posaune ist ein Musikinstrument, das in Alten Zeiten dazu benutzt wurde, die Aufmerksamkeit der Leute auf etwas zu lenken: auf einen Sieg, auf Anordnungen.

Sie werden es sich zur Gewohnheit machen, jedem Gedanken und jedem Wort Aufmerksamkeit zu widmen, sobald Sie sich deren Bedeutung und Gewicht bewusst sind.

Ihre Vorstellungskraft, die Schere Ihres Geistes, schneidet ständig die Ereignisse aus, die in Ihr Leben treten.

Viele Menschen schneiden von Angst geprägte Bilder aus. Solche Dinge zu sehen, ist nicht göttlich vorgesehen.

Mit dem „einen Auge" sieht der Mensch nur die Wahrheit. Es sieht sie im Übel, in dem Wissen, dass sich daraus Gutes entwickelt. Er verwandelt Ungerechtigkeit in Gerechtigkeit und entwaffnet seine vermeintlichen Feinde, in dem er ihnen *Wohlwollen* sendet.

In der Mythologie der Zyklopen, einer Rasse von Riesen, die einst Sizilien bevölkert haben sollen, lesen wir, dass sie nur ein Auge hatten, das in der Mitte ihrer Stirn saß.

Der Sitz der Vorstellungskraft wird ebenfalls im Stirnbereich lokalisiert (zwischen den Augen). Die sagenumwobenen Riesen haben ihren Ursprung also in der Idee des „einen Auges".

Und Sie sind in der Tat ein Riese, wenn Sie das „eine Auge" haben. Denn dann wird jeder Ihrer Gedanken konstruktiv und jedes Ihrer Worte ein machtvolles Wort sein.

Lassen Sie dieses „dritte Auge" der Wächter an Ihrem Tor sein.

„Wenn nun dein Auge einfältig ist, so wird dein ganzer Leib licht sein."[73]

Mit dem „einen Auge" ausgestattet, wird Ihr Körper in Ihren spirituellen Körper verwandelt, den Schwingungskörper, Gott ähnlich und nach seinem Bild (Vorstellung) gemacht.

Mit klarem Blick auf den perfekten Plan könnten wir die Welt retten: indem wir mit unserem *inneren Augen* eine Welt des Friedens, der Fülle und des guten Willens sehen.

---

[73] Matthäus 6,22 – Elberfelder Bibel 1905

„Richtet nicht nach dem Schein, sondern richtet ein gerechtes Gericht."[74]

„Nicht wird Nation wider Nation das Schwert erheben, und sie werden den Krieg nicht mehr lernen."[75]

Das geheime Gesetz des Gleichmuts fordert, dass Sie sich von widrigen äußerenn Erscheinungen nicht beunruhigen lassen, sondern unbeirrt an Ihrem *konstruktiven Gedanken* festhalten, der sich *letztlich durchsetzt*.

Das Spirituelle Gesetz transzendiert das Gesetz des Karmas.

Dies ist die Geisteshaltung, die ein Heiler oder Arzt seinem Patienten gegenüber einnehmen muss.

Unbeeindruckt von jeglichen Erscheinungsformen des Mangels, des Verlustes oder von Krankheit, bewirkt er die Veränderung von Geist, Körper und Angelegenheiten.

Lassen Sie mich aus dem einunddreißigsten Kapitel von Jeremia zitieren, dessen Grundton begeisterte Freude ist. Es zeichnet ein Bild des Individuums, das von negativem Denken befreit ist: „Denn ein Tag wird sein, da die Wächter auf dem Gebirge Ephraim rufen werden: Machet euch auf und lasset uns nach Zion hinaufziehen zu Jehova, unserem Gott!"[76]

Der Wächter am Tor schlummert und schläft nicht. Er ist das „Auge, das über Israel wacht."

Doch das Individuum, das in einer Welt der negativen Gedanken lebt, ist sich des inneren Auges nicht bewusst.

---

74 Johannes 7,24 – Elberfelder Bibel 1905
75 Jesaja 2,4 – Elberfelder Bibel 1905
76 Jeremia 31,6 – Elberfelder Bibel 1905

Es mag gelegentlich intuitive Gedankenblitze oder erleuchtete Momente erleben, um dann aber rasch zurück in eine Welt des Chaos zu fallen.

Es erfordert Entschlossenheit und immerwährende Wachsamkeit, Worte und Gedanken zu kontrollieren. Gedanken der Angst, des Versagens, der Missgunst und des Grolls müssen aufgelöst und abgewiesen werden.

Ich empfehle Ihnen dieses Statement: „Jede Pflanze, die nicht mein Vater im Himmel gepflanzt hat, soll samt den Wurzeln ausgerissen werden."

Es vermittelt Ihnen ein lebendiges Bild vom Jäten des Unkrauts in einem Garten. Die ausgerissenen Pflanzen werden weggeworfen und vertrocknen, weil sie ohne Boden sind, der sie ernährt.

Sie nähren negative Gedanken, indem Sie ihnen Aufmerksamkeit schenken. Nutzen Sie das geheime Gesetz des Gleichmuts und weigern Sie sich, sich für solche Gedanken zu interessieren.

Schon bald werden sie die „Armee der Fremden" aushungern. Göttliche Ideen werden Ihr Bewusstsein bevölkern, falsche Ideen werden verblassen, und Sie werden sich nur das wünschen, was Gott sich durch Sie wünscht.

Die Chinesen haben ein Sprichwort: „Der Philosoph überlässt den Schnitt seiner Jacke dem Schneider."

Überlassen Sie also den Plan für Ihr Leben dem Göttlichen Designer, und Sie werden feststellen, dass all Ihre Lebensumstände dauerhaft perfekt sind.

Der Boden, auf dem ich stehe, ist heiliger Grund.
Ich entwickle mich jetzt rasch nach dem Göttlichen Plan für mein Leben,
in dem alle Lebensumstände dauerhaft perfekt sind.

Der Weg der Fülle

„Und wirf in den Staub dein Gold."[77]

Der Weg der Fülle ist eine Einbahnstraße.

Wie das alte Sprichwort sagt: „Da führen keine zwei Wege hin."

Entweder steuern Sie auf Mangel zu oder auf Fülle. Ein Mensch mit einem reichen Bewusstsein und ein Mensch mit einem armen Bewusstsein wandeln nicht auf derselben mentalen Straße.

Es steht eine üppige Versorgung bereit, göttlich geplant für jeden einzelnen Menschen.

Ein reicher Mensch bedient sich daraus, denn reiches Denken schafft ein reiches Umfeld.

Ändern Sie Ihre Gedanken, und im Handumdrehen werden sich all Ihre Lebensumstände ändern. Ihre Welt ist eine Welt der kristallisierten Ideen und Worte.

Früher oder später ernten Sie die Früchte Ihrer Worte und Gedanken.

„Worte sind Kräfte, die sich spiralförmig bewegen und zu gegebener Zeit zurückkehren, um das Leben ihrer Urheber zu kreuzen." Menschen, die ständig über Mangel und Beschränkungen reden, ernten Mangel und Beschränkungen.

Sie können das Königreich der Fülle nicht betreten, solange Sie Ihr Schicksal beklagen.

Ich kenne eine Frau, die sich in Ihren Vorstellungen über Wohlstand immer sehr einschränkte. Sie besserte ständig ihre Klamotten aus, damit diese noch eine Weile hielten, anstatt sich neue zu kaufen. Sie ging mit dem Geld, das sie hatte, sehr sparsam um und ermahnte ih-

---

77 Hiob 22,24 – Luther-Bibel 1912

ren Ehemann oft, nicht zu viel auszugeben. Sie sagte wieder und wieder: „Ich will nichts, was ich mir nicht leisten kann."

Sie konnte sich nicht viel leisten, deshalb hatte sie auch nicht viel. Eines Tages ging ihre Welt aus heiterem Himmel in Stücke. Ihr Ehemann verließ sie, weil er ihr ständiges Nörgeln und ihre beschränkenden Gedanken satt hatte. Sie war am Verzweifeln, als ihr eines Tages ein Buch über Metaphysik in die Hände fiel. Es erklärte die Macht der Gedanken und Worte.

Beim Lesen wurde ihr klar, dass sie jede unglückliche Erfahrung durch falsches Denken in ihr Leben eingeladen hatte. Sie lachte herzlich über ihre Fehler und entschloss sich, von ihnen zu profitieren. Sie nahm sich vor, *das Gesetz der Fülle zu beweisen*.

Sie begann das Geld, das sie besaß, furchtlos auszugeben, um ihren Glauben an die unsichtbare Versorgung zu demonstrieren. Sie vertraute auf Gott als Quelle ihres Wohlstands. Sie sprach nicht länger über Mangel und Beschränkung, sondern achtete darauf, sich wohlhabend zu fühlen und zu geben.

Ihre alten Freunde erkannten sie kaum wieder. Sie war auf den Weg der Fülle übergewechselt. Nun floss ihr mehr Geld zu, als sie je besessen hatte. Ungeahnte Türen öffneten sich für sie und erstaunliche Kanäle wurden freigelegt. Sie wurde sehr erfolgreich in einem Job, für den sie keine Ausbildung besaß.

Sie fand sich im *Land der Wunder* wieder. Was war geschehen?

Sie hatte die Qualität ihrer Worte und Gedanken geändert, sich Gott geöffnet und ihn in all ihre Angelegenheiten involviert. Sie erlebte viele im-letzten-Moment-Erfahrungen, aber ihre Versorgung kam immer, denn sie grub ihre Gräben[78] und bedankte sich unbeirrt.

Kürzlich rief mich jemand an und sagte: „Ich suche verzweifelt nach einer Stelle."

---

78 In Anlehnung an: 2. Könige 3,16-17

Ich antwortete: „Suchen Sie nicht verzweifelt danach, sondern mit Lob und Dank, denn Jesus, der größte aller Metaphysiker, hat uns gesagt, wir sollten mit Lob und Dank beten."

Lob und Dank öffnen Türen, weil die Erwartung immer gewinnt.

Natürlich ist das Gesetz unpersönlich, und auch eine unehrliche Person mit reichen Gedanken wird Reichtum anziehen, aber, wie Shakespeare sagt: „Schlecht Erworb'nes gerät immer schlecht"[79]. Der Reichtum wird nur von kurzer Dauer sein und kein Glück bringen.

Wir brauchen nur die Zeitung zu lesen, um festzustellen, dass der Weg des Missetäters hart ist.

Deshalb ist es so wichtig, dass Sie Ihre Wünsche direkt an die Universelle Quelle der Versorgung richten und um das bitten, was Ihnen nach göttlichem Recht zusteht – unter Gnade und auf perfekte Weise.

Manche Menschen ziehen Wohlstand an, können ihn aber nicht halten. Manchmal verlieren sie ihn, weil er ihnen den Kopf verdreht, und manchmal aus Angst und Sorge.

Ein Freund erzählte uns in einem meiner Fragen- und Antworten-Kursen diese Geschichte:

Einige Leute in seiner Heimatstadt, die von jeher arm gewesen waren, stießen plötzlich auf Öl in ihrem Garten. Es brachte ihnen großen Reichtum. Der Vater trat in den Country-Club ein und begann Golf zu spielen. Er war nicht mehr der Jüngste und der sportliche Einsatz war zu viel für ihn. Er fiel auf dem Golfplatz tot um.

Damit jagte er der ganzen Familie Angst ein. Die Familienmitglieder befürchteten alle, auch sie könnten Herzprobleme haben. Seitdem verbringen sie die meiste Zeit im Bett und lassen sich von Krankenschwestern ständig den Herzschlag überwachen.

---

79 William Shakespeare: König Heinrich VI – 3. Teil, 2. Aufzug, 2. Szene

Mit Angst im Hinterkopf, müssen sich die Leute über irgendetwas Sorgen machen.

Nachdem sie auf einmal keine Geldprobleme mehr hatten, verlegten sie ihre Sorgen und Befürchtungen auf die Gesundheit.

Die alte Idee war, „dass man nicht alles haben kann". Wenn man eine Sache bekommt, dann verliert man eine andere. Die Leute sagten immer: „Dein Glück wird nicht lange währen", „Das ist zu gut, um wahr zu sein".

Jesus Christus sagte: „ In der Welt (eurer Gedanken) habt ihr Angst; aber seid getrost, ich habe die Welt (der Gedanken) überwunden."[80]

Im Überbewusstsein (oder Christus im Inneren), gibt es für jeden Bedarf üppige Versorgung, und Ihr Wohl ist perfekt und von Dauer.

„Wirst du dich bekehren zu dem Allmächtigen, so wirst du aufgebaut werden (im Bewusstsein). Tue nur Unrecht ferne hinweg von deiner Hütte, und wirf in den Staub dein Gold und zu den Steinen der Bäche das Ophirgold, so wird der Allmächtige dein Gold sein und wie Silber, das dir zugehäuft wird.[81]

Was für ein Bild des Überflusses! Das Ergebnis der „Bekehrung zu dem Allmächtigen (im Bewusstsein)".

Für den Durchschnittsmenschen (dessen Gedanken sich lange Zeit nur um Mangel gedreht haben) ist es sehr schwer, sich ein reiches Bewusstsein aufzubauen.

Ich habe eine Schülerin, die großen Erfolg mit diesem Statement angezogen hat: *„Ich bin die Tochter des Königs! Mein reicher Vater gießt nun seine Fülle über mich aus. Ich bin die Tochter des Königs! Alles macht Platz für mich."*

---

80 Johannes 16,33 – Luther-Bibel 1912
81 Hiob 22,23-25 – Luther-Bibel 1912

Viele Menschen finden sich mit beschränkten Verhältnissen ab, weil sie zu träge (mental) sind, sich aus diesen hinaus zu denken.

Sie müssen ein starkes Verlangen nach finanzieller Freiheit haben, Sie müssen sich reich fühlen, Sie müssen sich selbst reich sehen, Sie müssen sich kontinuierlich auf Reichtum vorbereiten. Werden Sie wie ein kleines Kind, und tun sie so, als wären Sie reich. Damit prägen Sie Ihrem Unbewussten eine Erwartung ein.

Die Imagination, die Schere des Geistes, ist die Werkstatt des Menschen, in der er ständig die Ereignisse seines Lebens ausschneidet!

Das Überbewusstsein ist das Reich der Inspiration, der Offenbarung, der Erhellung und der Intuition.

Die Intuition ist gewöhnlich als „Ahnung" oder „so ein Gefühl haben" bekannt.

Das Überbewusstsein liegt das Reich perfekter Ideen. Genies und andere große Geister empfangen ihre Gedanken aus dem Überbewusstsein.

„Ohne die Vision (Imagination) wird mein Volk untergehen."

Wenn Leute die Fähigkeit verloren haben, sich ihr eigenes Wohl bildlich vorzustellen, dann „gehen sie unter".

Das bedeutet: Wenn Leute völlig von ihrer sichtbaren Versorgung abhängig sind, ist es besser, sie verwerfen diese und vertrauen absolut auf den Allmächtigen, dass er sie mit Gold, Silber und Reichtum versorgt.

Als Beispiel erzähle ich Ihnen eine Geschichte, die ich von einem Freund gehört habe:

Ein Priester besuchte ein Nonnenkloster in Frankreich, in dem sie viele Kinder bewirteten. Eine der Nonnen erklärte dem Priester voller Verzweiflung, dass sie kein Essen mehr hätten, und dass die Kinder nun hungrig bleiben müssten. Sie sagte, sie hätten noch ein Silberstück (etwa im Wert eines Vierteldollars). Dabei brauchten sie dringend Lebensmittel und Kleidung.

Der Priester sagte: „Geben Sie mir die Münze."

Die Nonne reichte sie ihm und er warf sie aus dem Fenster.

„Jetzt", sagte er, „sind Sie völlig auf Gott angewiesen." Innerhalb kurzer Zeit tauchten Freunde auf, die reichlich Essen und Geldspenden mitbrachten.

Dies bedeutet nicht, dass sie das Geld, das Sie haben, wegwerfen, sondern dass Sie sich nicht davon abhängig machen sollen. Verlassen Sie sich auf die unsichtbare Versorgung, die Bank der Imagination.

Lassen Sie uns jetzt eine Verbindung zu Gott herstellen und Frieden finden. Denn er soll unser Gold, unser Silber und unser Reichtum sein.

Die Inspiration durch den Allmächtigen soll meine Sicherheit sein, und ich werde jede Menge Silber besitzen.

Ich werde niemals Mangel leiden

„Der Herr ist mein Hirte; mir wird nichts mangeln."[82]

Psalm 23 ist der bekannteste aller Psalmen. Man kann sagen, dass er den Grundgedanken der Botschaft der Bibel zusammenfasst.

Der Psalm erklärt dem Menschen, dass er niemals Mangel leiden wird, wenn er *realisiert* hat (oder davon überzeugt ist), dass der Herr sein Hirte ist, und dass die Unendliche Intelligenz all seine Bedürfnisse erfüllt.

Wenn Sie heute zu dieser Überzeugung gelangen, wird jedes Ihrer Bedürfnisse jetzt und allezeit erfüllt werden. Sie erhalten aus dem Überfluss der Sphären augenblicklich alles, was Sie benötigen oder sich wünschen, denn was sie brauchen, liegt *bereits auf Ihrem Weg.*

Eine Frau realisierte eines Tages: „Der Der Herr ist mein Hirte; mir wird nichts mangeln." Sie schien ihre unsichtbare Versorgung anzuzapfen, fühlte sich außerhalb von Zeit und Raum und war nicht länger auf die äußeren Welt angewiesen.

Ihre erste Manifestation war bescheiden, aber notwendig. Sie benötigte dringend ein paar große Büroklammern, hatte aber keine Zeit in einen Schreibwarenladen zu gehen und welche zu kaufen.

Während sie nach etwas anderem suchte, öffnete sie eine selten benutzte Schublade und fand darin ein Dutzend große Büroklammern. Sie fühlte, dass das Gesetz am Werk war und bedankte sich. Ein kleiner Geldbetrag, den sie brauchte, erschien, und andere große und kleine Dinge „flogen" ihr zu.

Seitdem vertraut sie auf das Statement: „Der Der Herr ist mein Hirte; mir wird nichts mangeln."

---

82 Psalm 23,1 – Luther-Bibel 1912

Wir haben oft Leute sagen hören: „Ich finde es nicht richtig, Gott um Geld oder Dinge zu bitten."

Diese Leute haben nicht realisiert, dass das schöpferische Prinzip in jedem Menschen steckt (der Vater im Inneren). Wahre Spiritualität beweist Gott als die Versorgung des Menschen jeden Tag, nicht hin und wieder.

Jesus Christus kannte dieses Gesetz, denn was immer er sich wünschte oder benötigte, materialisierte sich im Handumdrehen, wie die Brote und die Fische[83] und das Geldstück im Maul eines Fisches[84].

Eine so starke Überzeugung würde alles Horten und Sparen überflüssig machen und verschwinden lassen.

Das bedeutet nicht, dass Sie kein dickes Bankkonto und keine Geldanlagen haben sollen, aber es bedeutet, dass Sie sich nicht davon abhängig machen sollen, denn wenn Sie an einem Ende etwas verlieren, gewinnen Sie am anderen dazu.

Und immer „werden deine Scheunen voll werden und deine Kelter mit Most übergehen."[85]

Nun, wie nimmt man Kontakt zu seiner unsichtbaren Versorgung auf? Indem man sich ein Statement der Wahrheit sucht, das „es klicken" lässt, und eine klare Erkenntnis der Wahrheit auslöst.

Dieser Weg steht nicht nur wenigen Auserwählten offen, denn „es soll geschehen, wer des Herrn Namen anrufen wird, der soll errettet werden."[86] Der Herr ist *Ihr* Hirte und *mein* Hirte und jedermanns Hirte.

Gott ist die Höchste Intelligenz, die sich der Erfüllung der Bedürfnisse des Menschen widmet. Die Erklärung dafür ist, dass der Mensch Gott

---

83 siehe: Matthäus 14,19-20 u. a.
84 siehe: Matthäus 17,27
85 Sprüche 3,10 – Luther-Bibel 1912
86 Joel 3,5 – Luther-Bibel 1912

in Aktion ist. Jesus Christus sagte: „Ich und der Vater sind eins."[87]

Wir können diese Aussage auch umformulieren und sagen: „Ich und das großartige schöpferische Prinzip des Universums sind ein und dasselbe."

Der Mensch leidet nur Mangel, wenn er den Kontakt zu diesem schöpferischen Prinzip verliert, auf das er voll und ganz vertrauen muss, weil es reine Intelligenz ist und den Weg zur Erfüllung kennt.

Der denkende Verstand und der persönliche Wille verursachen einen Kurzschluss.

„Vertraue auf mich und ich werde es ausführen."

Die meisten Menschen sind von Besorgnis und Angst erfüllt, wenn es in der äußeren Welt nichts gibt, woran sie sich klammern können.

Eine Frau kam zu einem Arzt und sagte: „Ich bin nur eine arme kleine Frau mit niemandem sonst als Gott, der hinter mir steht." Der Arzt antwortete: „Sie brauchen sich keine Sorgen zu machen, wenn Sie Gott hinter sich haben", denn „alles, was das Königreich hervorbringt, ist Ihres."

Eine Frau rief mich an und sagte, den Tränen nahe: „Ich mache mir solche Sorgen wegen meiner geschäftlichen Lage." Ich antwortete: „Die Situation mit Gott bleibt dieselbe: Der Herr ist Ihr Hirte; es wird Ihnen an nichts mangeln." „Wenn eine Tür sich schließt, öffnet sich eine andere."

Ein sehr erfolgreicher Geschäftsmann, der all seine Angelegenheiten mit Methoden der Wahrheit regelt, sagte einmal: „Das Problem der meisten Leuten ist, dass sie sich von bestimmten Umständen abhängig machen. Sie haben nicht genug Vorstellungskraft, um weiterzugehen und neue Kanäle zu öffnen."

---

[87] Johannes 10,30 – Elberfelder Bibel 1905

Fast jeder große Erfolg ist auf einem Misserfolg aufgebaut.

Man hat mir erzählt, dass Edgar Bergen[88] sein Engagement am Broadway verlor, weil die Veranstalter keine Bauchrednerpuppen mehr im Programm haben wollten. Daraufhin brachte Noël Coward[89] ihn in die Radiosendung „Rudy Vallée[90] Radio Hour", und er und Charlie McCarthy, seine Holzpuppe, wurden über Nacht berühmt.

Bei einem meiner Meetings erzählte ich die Geschichte eines Mannes, der so arm und entmutigt war, dass er sich das Leben nahm. Wenige Tage danach traf ein Brief mit der Nachricht ein, dass er ein großes Vermögen geerbt hatte.

Ein Teilnehmer des Treffens sagte: „Das bedeutet: Wenn jemand den Punkt erreicht, dass er am liebsten tot wäre, ist die Realisierung seines größten Wunsches nur noch drei Tage entfernt." Ja, *lassen Sie sich nicht von der Dunkelheit kurz vor der Morgendämmerung narren.*

Es ist eine gute Idee, sich hin und wieder einen Sonnenaufgang anzusehen, um sich davon zu überzeugen, wie zuverlässig er stattfindet. Das erinnert mich an eine Erfahrung, die ich vor einigen Jahren gemacht habe.

Ich hatte eine Freundin, die in Brooklyn (New York) in der Nähe des Prospect Parks lebte. Sie liebte es, ungewöhnliche Dinge zu tun, und sie sagte zu mir: „Komm mich besuchen, dann stehen wir ganz früh auf und schauen uns den Sonnenaufgang im Prospect Park an."

Ich wollte erst nicht, doch dann hatte ich auf einmal so eine Ahnung, dass es eine interessante Erfahrung sein würde.

---

88 Edgar John Bergen (1903 – 1978) – US-amerikanischer Schauspieler und Bauchredner
89 Noël Coward (1899-1973) – britischer Schauspieler, Schriftsteller und Komponist
90 Hubert Prior „Rudy" Vallée (1901 – 1986) – US-amerikanischer Sänger, Saxophonist, Bandleader, Schauspieler und Unterhalter

Es war im Sommer. Wir standen um vier Uhr morgens auf – meine Freundin, ihre kleine Tochter und ich. Es war noch stockdunkel, als wir uns auf den Weg zum Park machten.

Ein paar Polizisten beäugten uns halb neugierig, halb misstrauisch, aber meine Freundin sagte würdevoll zu ihnen: „Wir sind unterwegs, um uns den Sonnenaufgang anzusehen", und das schien ihnen zu genügen. Wir spazierten durch den Park bis zu dem wundervollen Rosengarten.

Bald erschien im Osten ein schmaler rosa Streifen über dem Horizont, und dann hörten wir plötzlich ein gewaltiges Getöse. Wir waren in der Nähe des Zoos, und alle Tiere dort begrüßten die Morgendämmerung.

Die Löwen und Tiger brüllten, die Hyänen lachten, es gab Gekreische und Geheul. Alle Tiere hatten etwas zu sagen, weil ein neuer Tag anbrach.

Es war wirklich höchst inspirierend. Das Sonnenlicht brach sich durch die Kronen der Bäume und die ganze Szenerie wirkte irgendwie überirdisch.

Dann, als es heller wurde, lagen unsere Schatten vor statt hinter uns. Die Dämmerung eines neuen Tages!

Dies ist die wundervolle Dämmerung, die nach einer Zeit der Dunkelheit zu jedem von uns kommt.

Auch Ihre Morgendämmerung des Erfolgs, des Glücks und der Fülle wird mit Sicherheit kommen.

Jeder Tag ist wichtig, denn wir lesen in einem wunderbaren Sanskrit-Gedicht: „Achte deshalb gut auf den heutigen Tag! So heißt du den heraufziehenden Tag willkommen."[91]

---

91 The Salutation of the Dawn (dt.: „Die Begrüßung der Morgendämmerung")

Heute ist der Herr Ihr Hirte! Heute wird es Ihnen an nichts mangeln, denn Sie und das großartige schöpferische Prinzip des Universums sind ein und dasselbe.

Psalm 34 ist auch ein Psalm der Sicherheit. Er beginnt mit einem Segensspruch für den Herrn: „ Ich will den Herrn loben allezeit; sein Lob soll immerdar in meinem Munde sein."[92]

„Aber die Jehova suchen, ermangeln keines Guten."[93] Den Herrn zu suchen bedeutet, dass der Mensch den ersten Schritt tun muss. „Nähere dich mir und ich werde mich dir nähern, spricht der Herr."

Sie suchen den Herrn, indem Sie Ihre Affirmationen sprechen, Ihr Gutes erwarten und sich darauf vorbereiten.

Wenn Sie um Erfolg bitten und sich auf Misserfolg vorbereiten, werden Sie das erhalten, worauf Sie sich vorbereitet haben.

In meinem Buch *Das Lebensspiel und wie man es spielt* erzähle ich von einem Mann, der mich bat, das Wort für ihn zu sprechen, das all seine Schulden tilgen würde.

Nach der Anwendung sagte er: „Nun zerbreche ich mir den Kopf darüber, was ich den Leuten sage, wenn ich das Geld nicht habe, um es ihnen zurückzuzahlen." Eine Anwendung wird Ihnen nicht helfen, wenn Sie nicht daran glauben, denn der Glaube und die Erwartung prägen Ihrem Unbewussten ein Bild der Erfüllung ein.

In Psalm 23 lesen wir: „Er erquickt meine Seele."[94] Ihre Seele ist Ihr Unbewusstes und muss mit den richtigen Ideen erquickt werden.

Was immer Sie tief empfinden, prägt sich Ihrem Unbewussten ein und manifestiert sich in Ihren Angelegenheiten und Lebensumständen.

---

92 Psalm 34,1 – Luther-Bibel 1912
93 Psalm 34,10 – Elberfelder Bibel 1905
94 Psalm 23,3 – Elberfelder Bibel 1905

Wenn Sie davon überzeugt sind, dass Sie ein Versager sind, dann werden Sie so lange ein Versager sein, bis Sie Ihrem Unbewussten die Überzeugung einprägen, dass Sie ein erfolgreicher Mensch sind.

Das erreichen Sie mit einer Affirmation, die es „klicken" lässt.

Bei einem Treffen sagte eine Freundin, dass ich Ihr ein Statement mitgegeben hätte, als sie den Raum verließ: *„Der Grund auf dem ich stehe, ist Ernteland."* Ihre Lebensumstände waren eintönig und trüb, doch bei diesem Statement „klickte" es.

„Ernteland, Ernteland", klang es in ihren Ohren. Und fast sofort begannen gute Dinge auf sie zuzukommen und glückliche Überraschungen.

Der Grund dafür, dass Affirmationen notwendig sind, ist der, dass Wiederholungen sich dem Unbewussten einprägen. Sie können anfangs Ihre Gedanken nicht kontrollieren, aber Sie können kontrollieren, was Sie aussprechen. Und Jesus Christus sagte: „Denn aus deinen *Worten* wirst du gerechtfertigt werden, und aus deinen Worten wirst du verdammt werden."[95]

Wählen Sie täglich die richtigen Worte und die richtigen Gedanken!

Unsere Vorstellungskraft ist unsere schöpferische Fähigkeit: „Aus der Vorstellungswelt des Herzens entspringen die Umstände des Lebens."

Uns steht allen eine Bank zur Verfügung, von der wir abheben können: die Bank der Imagination.

Stellen Sie sich vor, Sie wären reich, gesund und glücklich; stellen Sie sich vor, all Ihre Angelegenheit wären göttlich geregelt. Aber überlassen Sie den Weg zur Erfüllung Ihrer Wünsche der Unendlichen Intelligenz.

„Er hat Waffen, von denen du nichts weißt." Er hat Kanäle, die Sie überraschen werden.

---

95 Matthäus 12,37 – Elberfelder Bibel 1905

Einer der wichtigsten Passagen in Psalm 23 ist: „Du bereitest vor mir einen Tisch im Angesicht meiner Feinde."[96]

Das bedeutet, dass selbst in einer schlimmen oder gar bedrohlichen Situation, die Sie durch Zweifel, Angst und Groll selbst geschaffen haben, ein Ausweg für Sie vorbereitet ist.

„Der Herr ist mein Hirte; mir wird nichts mangeln."

---

96 Psalm 23,5 – Luther-Bibel 1912

Siehe und staune

„Darum gedenke ich an die Taten des Herrn; ja, ich gedenke an deine vorigen Wunder."[97]

Die Wörter „Wunder" und „wunderbar" werden in der Bibel häufig genutzt. Im Wörterbuch wird das Wort „Wunder" als „Anlass für Überraschung und Erstaunen" definiert.

Ouspensky[98] nennt in seinem Buch „Tertium Organum"[99] die Welt der 4. Dimension die „Welt des Wundersamen". Er hat mathematisch festgestellt, dass es eine Ebene gibt, auf der alle Umstände perfekt sind. Jesus Christus hat diese Ebene das „Königreich" genannt.

Wir können sagen: „Trachtet aber zuerst nach der Welt des Wundersamen, und dies alles wird euch hinzugefügt werden."[100]

Das „Königreich" kann nur über einen bestimmten Bewusstseinszustand erreicht werden.

Jesus Christus sagte, um das Königreich betreten zu können, müssten wir „wie kleine Kinder werden"[101]. Kinder sind ständig in einem Zustand von Freude und Staunen!

Die Zukunft hält Versprechen von geheimnisvollem Guten bereit. Alles kann über Nacht passieren.

Robert Louis Stevenson[102] schreibt in seinem Buch „A Child's Garden

---

97 Psalm 77,12 – Luther-Bibel 1912
98 P. D. Ouspensky (1878 – 1947) – ursprünglich russischer, später in England wirkender esoterischer Schriftsteller
99 P. D. Ouspensky: Tertium Organum – Der Dritte Kanon des Denkens – Ein Schlüssel zu den Rätseln der Welt
100 in Anlehnung an: Matthäus 6,33
101 In Anlehnung an: Markus 10,15
102 Robert Louis Balfour Stevenson (1850 – 1894) – schottischer Schriftsteller

of Verses"[103]: „Die Welt ist voll von allen möglichen Dingen. Ich bin sicher, dass wir alle so glücklich sein sollten wie Könige."

Lassen Sie uns also voller Staunen auf das schauen, was vor uns liegt. Dieses Statement habe ich schon vor vielen Jahren erhalten und ich erwähne es auch in meinem Buch *Das Lebensspiel und wie man es spielt*.

Ich hatte eine Gelegenheit verpasst und das Gefühl gehabt, ich hätte mein eigenes Wohlergehen wacher im Blick haben müssen. Am nächsten Tag wählte ich am frühen Morgen dieses Statement: „Ich blicke voller Stauen auf das, was vor mir liegt."

Mittags klingelte das Telefon, und das Angebot wurde mir noch einmal gemacht. Dieses Mal griff ich zu. Nun blickte ich tatsächlich voller Staunen, denn ich hatte nicht erwartet, dass ich die Gelegenheit ein weiteres Mal bekommen würde.

Eine Freundin berichtete kürzlich bei einem meiner Meetings, dass sie mit diesem Statement wunderbare Ergebnisse erzielt hätte. Es erfüllt das Bewusstsein mit glücklicher Erwartung.

Kinder sind von glücklichen Erwartungen erfüllt, bis Erwachsene und unerfreuliche Erfahrungen sie aus der Welt des Wundersamen reißen!

Lassen Sie uns einen Blick zurückwerfen und uns an einige der kleinmütigen Ideen erinnern, die uns in der Kindheit eingeimpft wurden: „Iss die Äpfel mit Flecken zuerst." „Erwarte nicht zu viel, dann wirst du auch nicht enttäuscht." „Du kannst nicht alles im Leben haben." „Die Kindheit ist deine glücklichste Zeit." „Niemand weiß, was die Zukunft bringt." Was für ein Start ins Leben!

Das sind einige der Eindrücke, die ich in meiner frühen Kindheit aufgenommen habe.

Im Alter von sechs Jahren hatte ich bereits ein großes Verantwortungsgefühl. Statt mit Staunen auf das zu blicken, was vor mir lag,

---

103 Deutsche Ausgabe u.a.: „Mein Bett ist ein Boot – Der Versgarten eines Kindes"

schaute ich mit Angst und Argwohn. Ich fühle mich jetzt viel jünger, als ich mich mit sechs gefühlt habe.

Ich habe ein altes Foto aus dieser Zeit, auf dem ich nach einer Blume greife, aber mit verhärmtem und hoffnungslosem Gesicht.

Ich hatte die Welt des Wundersamen hinter mir gelassen! Ich lebte jetzt in der Welt der Realität, wie mir die Erwachsenen erklärten, und die war alles andere als wundersam.

Für Kinder ist es ein großes Privileg, in unserer heutigen Zeit zu leben, wenn sie von Geburt an die Wahrheit kennenlernen und erklärt bekommen. Auch wenn man ihnen nicht systematisch die Lehre der Metaphysik beibringt, so ist doch die Atmosphäre von freudiger Erwartung erfüllt.

Sie können eine Shirley Temple[104], ein Freddie Bartholomew[105] oder, gerade mal sechs Jahre alt, ein großartiger Pianist werden und auf Konzerttournee gehen.

Wir sind nun alle wieder zurück in der Welt des Wundersamen, in der alles über Nacht passiert, denn wenn Wunder geschehen, geschehen sie rasch!

Deshalb sollten wir uns der *Wunder bewusst werden*, uns auf Wunder vorbereiten und Wunder erwarten, und sie auf diese Weise in unser Leben einladen.

Vielleicht benötigen Sie ein finanzielles Wunder! Es gibt Versorgung für jeden Bedarf. Durch aktiven Glauben, das Wort und Intuition rufen wir die Versorgung ab.

Ich gebe Ihnen ein Beispiel: Eine meiner Schülerinnen befand sich in der Situation, kaum Mittel zu haben, und sie brauchte dringend tau-

---

104 Shirley Temple (1928 – 2014) – US-amerikanische Schauspielerin, Sängerin, Tänzerin und Diplomatin
105 Freddie Bartholomew (1924 – 1992) – britisch-amerikanischer Kinderschauspieler und späterer Fernsehregisseur und -produzent

send Dollar. Sie hatte früher einmal viel Geld und schöne Dinge besessen, doch davon war ihr nichts als eine Hermelin-Stola geblieben. Kein Pelzhändler wollte ihr viel dafür geben.

Ich sprach das Wort dafür, dass die Stola an die richtige Person zum richtigen Preis verkauft, oder dass die Versorgung auf einem anderen Weg zu der Frau kommen würde. Es war nötig, dass das Geld sich sehr schnell manifestierte, und es blieb keine Zeit, sich Sorgen oder Gedanken zu machen.

Sie war in der Stadt unterwegs und wiederholte Ihre Affirmationen. Es war ein stürmischer Tag. Aus einem starken Impuls heraus sagte sie sich: „Ich werde meinen aktiven Glauben beweisen, indem ich mir ein Taxi nehme." Als sie an ihrem Ziel angekommen aus dem Taxi stieg, wartete dort eine andere Frau auf ein Taxi.

Es war eine alte Freundin, eine sehr, sehr nette Person. Es war das erste Mal in ihrem Leben, dass sie ein Taxi nahm, weil ihr Rolls Royce an diesem Nachmittag in der Werkstatt war.

Sie unterhielten sich, und meine Freundin erzählte ihr von ihrer Hermelin-Stola. „Gut", sagte ihre Freundin, „ich gebe dir tausend Dollar dafür." Und am selben Nachmittag hatte meine Schülerin den Scheck, den sie so dringend brauchte.

Gottes Wege sind genial und seine Methoden sind sicher.

Eine Schülerin schrieb mir kürzlich, dass sie dieses Statement nutzte: *„Gottes Wege sind genial, seine Methoden sind sicher."* Eine Reihe unerwarteter Kontakte führte zu einer Situation, die sie sich gewünscht hatte. Voller Staunen sah sie zu, wie das Gesetz wirkte.

Unsere Demonstrationen geschehen gewöhnlich im „Bruchteil einer Sekunde". Alles ist im göttlichen Bewusstsein mit erstaunlicher Genauigkeit getimt.

Meine Schülerin verließ das Taxi genau in dem Moment, als ihre Freundin eines brauchte. Eine Minute später hätte diese Frau wahrscheinlich bereits ein anderes Taxi angehalten gehabt.

Die Aufgabe des Menschen besteht darin, hellwach auf Hinweise und Vorahnungen zu achten, denn auf dem magischen Pfad der Intuition steht alles bereit, was er sich wünscht oder was er benötigt.

In Moultons[106] „The Modern Reader's Bible" wird das Buch der Psalmen als lyrische Dichtung in Perfektion anerkannt.

„Meditation zu Musik, die die Essenz der Texte ist, kann keine höhere Ebene finden als den frommen Geist, der sich sofort zum Dienst Gottes aufschwingt und an den verschiedenen Seiten des aktiven und des kontemplativen Lebens überfließt."[107]

Die Psalmen sind auch menschliche Dokumente, und ich habe Psalm 77 ausgewählt, weil er einen Menschen in Verzweiflung beschreibt, dessen Glaube, Vertrauen und Zuversicht aber wiederhergestellt werden, als er über die Wunder Gottes nachsinnt.

„Ich schreie mit meiner Stimme zu Gott; zu Gott schreie ich, und er erhört mich.

In der Zeit der Not suche ich den Herrn; meine Hand ist des Nachts ausgereckt und lässt nicht ab; denn meine Seele will sich nicht trösten lassen."[108]

„Wird denn der Herr ewiglich verstoßen und keine Gnade mehr erzeigen?"[109]

„Hat Gott vergessen, gnädig zu sein, und seine Barmherzigkeit vor Zorn verschlossen?

---

106 Richard Green Moulton (1849 – 1924) – In England geborener, später in den USA lebender Professor, Autor und Anwalt
107 Richard Green Moulton: The Modern Reader's Bible (1907)
108 Psalm 77,2-3 – Luther-Bibel 1912
109 Psalm 77,8 – Luther-Bibel 1912

Aber doch sprach ich: Ich muss das leiden; die rechte Hand des Höchsten kann alles ändern.

Darum gedenke ich an die Taten des Herrn; ja, ich gedenke an deine vorigen Wunder und rede von allen deinen Werken und sage von deinem Tun.

Gott, dein Weg ist heilig. Wo ist so ein mächtiger Gott, als du, Gott, bist?

Du bist der Gott, der Wunder tut; du hast deine Macht bewiesen unter den Völkern."[110]

Dies ist das Bild dessen, was der durchschnittliche Schüler der Wahrheit durchlebt, wenn er sich mit einem Problem konfrontiert sieht: Er wird von Bedenken, Angst und Verzweiflung geplagt.

Dann wird ein Statement der Wahrheit in seinem Bewusstsein aufblitzen, wie „Gottes Wege sind genial und seine Methoden sicher!". Er erinnert sich an andere Schwierigkeiten, die er überstanden hat, und sein Vertrauen in Gott kehrt zurück. Er denkt: *„Was Gott früher getan hat, wird er jetzt auch für mich tun und mehr!"*

Erst kürzlich sprach ich mit einer Freundin, die sagte: „Ich wäre schön dumm, wenn ich nicht glauben würde, dass Gott meine Probleme lösen kann. Schon so oft sind wunderbare Dinge zu mir gekommen und ich bin sicher, dass das auch in Zukunft geschehen wird!"

Die Zusammenfassung von Psalm 77 lautet also: „Was Gott früher getan hat, wird er auch jetzt für mich tun und mehr!"

Wenn Sie über Ihre früheren Erfolge, Ihr Glück und Ihren Wohlstand nachdenken, ist es gut sich zu vergegenwärtigen: „Alle Niederlagen und Misserfolge haben ihre Ursache in Ihren eigenen aufgeblasenen Vorstellungen. Angst vor Verlusten hat sich unbemerkt in Ihrem Bewusstsein breitgemacht, Sie haben Bürden getragen und Kämpfe aus-

---

110 Psalm 77,10-14 – Luther-Bibel 1912

gefochten, Sie haben Dinge durchdacht, anstatt auf dem magischen Pfad der Intuition zu bleiben.

Doch im Handumdrehen wird alles für Sie wiederhergestellt werden, denn, wie man im Osten sagt: „Was Allah gegeben hat, kann einem nicht genommen werden".

Um zum Bewusstseinszustand eines Kindes zurückzukehren, sollten Sie von Staunen erfüllt sein, gleichzeitig aber darauf achten, dass Sie nicht in Ihrer vergangenen Kindheit leben.

Ich kenne Leute, die sich nur an glückliche Tage ihrer Kindheit erinnern können. Sie wissen noch, wie sie angezogen waren! Nie wieder war der Himmel so blau und das Gras so grün wie damals. Mit dieser Haltung werden sie die Gelegenheiten im wunderbaren Jetzt verpassen.

Ich erzähle Ihnen eine amüsante Geschichte über eine Freundin, die in einer bestimmten Stadt lebte, als sie noch sehr klein war, und danach in eine andere Stadt umzog. In ihrer Erinnerung blickte sie immer auf das erste Haus zurück, in dem sie mit ihrer Familie gelebt hatte. Für sie war es ein verzauberter Palast: groß, geräumig und prächtig.

Viele Jahre später, als sie schon erwachsen war, hatte sie die Gelegenheit, diese Haus zu besuchen. Da verlor sie ihre Illusionen: das Haus war klein, muffig und hässlich. Dass Ihre Vorstellung von Schönheit sich völlig geändert hatte, wurde ihr spätestens klar, als sie im Vorgarten einen eisernen Hund stehen sah.

Wenn Sie in Ihre Vergangenheit zurückkehren würden, wäre die auch nicht dieselbe. In der Familie meiner Freundin sagt man seitdem statt „in der Vergangenheit leben" auch, „dem eisernen Hund nachjagen".

Ihre Schwester erzählte mir eine Geschichte darüber, wie sie selbst „dem eisernen Hund nachjagte". Als sie etwa sechzehn war, lernte sie im Ausland einen sehr schneidigen und romantischen jungen Mann kennen, einen Künstler. Die Romanze währte nicht lange, aber sie erzählte dem Mann, den sie danach heiratete, oft und gerne von dieser Episode.

Die Jahre vergingen und aus dem romantischen jungen Mann wurde ein bekannter Künstler. Eines Tages kam er in unser Land zu einer Ausstellung seiner Bilder. Meine Freundin war ganz aufgeregt deswegen und beschloss, ihn zu treffen, um ihre Freundschaft zu erneuern. Sie ging zu seiner Ausstellung und traf dort einen korpulenten Geschäftsmann vor – von dem schneidigen romantischen jungen Mann war keine Spur geblieben! Als sie ihrem Ehemann davon erzählte, sagte der nur: „du bist einem eisernen Hund nachgejagt".

Denken Sie daran: *Jetzt ist die Zeit gekommen. Heute ist der Tag! Und Ihre Lebensumstände können sich über Nacht zum Guten wenden.*

Blicken Sie mit Stauen auf das, was vor Ihnen liegt!

Wir sind von göttlicher Erwartung erfüllt: „Und ich will euch die Jahre erstatten, welche die Heuschrecken [...] gefressen haben."[111]

Nun lassen Sie uns an das Gute denken, das so schwer zu erreichen scheint, mag es Gesundheit, Wohlstand, Glück oder perfekte Selbstentfaltung sein.

Machen Sie sich keine Gedanken darüber, wie das Gute zu erreichen ist, sondern bedanken Sie sich dafür, dass Sie es auf der unsichtbaren Ebene bereits erhalten haben. „Deshalb sind die Schritte, die dazu führen, ebenfalls abgesichert."

Seien Sie hellwach für Ihre intuitiven Hinweise und Ahnungen, und Sie werden sich plötzlich in Ihrem Verheißenen Land wiederfinden.

„Ich blicke voller Stauen auf das, was vor mir liegt."

---

111 Joel 2,25 – Luther-Bibel 1912

Holen Sie Ihr Gutes ein

„Und es wird geschehen: ehe sie rufen, werde ich antworten; während sie noch reden, werde ich hören."[112]

Holen Sie Ihr Gutes ein! Das ist die neue Art zu sagen: „ Ehe sie rufen, werde ich antworten."

Ihr Gutes *geht Ihnen voraus*; es kommt an, bevor Sie es tun. Aber wie kann man sein Gutes einholen? Sie müssen Ohren haben, die hören, und Augen, die sehen, sonst entgeht es Ihnen.

Manche Leute holen ihr Gutes im Leben niemals ein. Sie sagen: „Mein Leben war immer mühselig und hart, und ich habe nie Glück gehabt." Sie sind die Leute, die ihre Gelegenheiten verschlafen, oder Ihr Gutes aus Bequemlichkeit nie eingeholt haben.

Eine Frau erzählte einer Gruppe von Freunden, dass sie seit drei Tagen nichts gegessen habe. Die Freunde drängten verschiedene Leute, ihr doch Arbeit zu geben, aber sie lehnte das ab. Sie erklärte, dass sie nie vor zwölf Uhr mittags aufstand, weil sie gerne im Bett lag und Zeitschriften las.

Sie wünschte sich nur, dass Leute sie unterstützten und versorgten, während sie die Vogue und Harper's Bazaar las. Wir müssen sorgsam darauf achten, nicht in träge Bewusstseinszustände abzurutschen. Ich empfehle Ihnen die Affirmation: *„Ich bin hellwach, was mein Wohl betrifft, und verpasse keine Gelegenheit."* Die meisten Menschen sind in Bezug auf Ihr eigenes Wohlergehen bestenfalls halbwach.

Eine Schülerin sagte mir einmal: „Wenn ich meinen Ahnungen nicht folge, gerate ich jedes Mal in Schwierigkeiten."

---

112 Jesaja 65,24 – Elberfelder Bibel 1905

Ich erzähle Ihnen die Geschichte einer Frau, eine meiner Schülerinnen, die ihren intuitiven Hinweisen folgte, die erstaunliche Resultate bewirkten.

Sie war eingeladen worden, Freunde in einer nahe gelegenen Stadt zu besuchen. Sie hatte kaum Geld. Als sie dort ankam, fand sie das Haus verschlossen vor; die Freunde waren weggefahren. Sie war erst verzweifelt, dann begann sie zu beten. Sie sagte: „Unendliche Intelligenz, gib mir einen eindeutigen Hinweis. Lass mich wissen, was ich tun soll!"

Da blitzte unversehens der Name eines bestimmten Hotels in ihrem Bewusstsein auf – nachdrücklich, denn der Name erschien ihr in Großbuchstaben.

Sie hatte gerade noch genug Geld, um nach New York zurückzukehren und zu dem Hotel zu fahren. Als sie gerade eintreten wollte, tauchte plötzlich eine Freundin auf, die sie seit Jahren nicht gesehen hatte, und begrüßte sie herzlich.

Die Freundin erklärte ihr, dass sie in dem Hotel wohnte, aber in Kürze für einige Monate verreisen würde, und fügte hinzu: „Wieso wohnst du nicht in meiner Suite, während ich weg bin? Es würde dich keinen Cent kosten."

Meine Freundin nahm das Angebot dankbar an und staunte über das Wirken des Spirituellen Gesetzes.

Sie hatte ihr Gutes eingeholt, indem sie ihrer Intuition gefolgt war.

Alles Voranschreiten erfolgt aufgrund von Wünschen. Die Wissenschaft besinnt sich heute wieder auf Lamarck[113] und seine „Wunsch-Theorie". Er postuliert, dass Vögel nicht fliegen, weil sie Flügel haben, sondern dass sie Flügel haben, weil sie fliegen wollten. Ihre Flügel haben sich seiner Theorie zufolge also durch den „Druck eines emotionalen Wunsches" entwickelt.

---

113 Jean-Baptiste Lamarck (1744 – 1829) – französischer Botaniker und Zoologe

Denken Sie an die unwiderstehliche Kraft eines Gedankens mit klarer Vision. Viele Menschen bewegen sich ständig in einem Nebel, treffen falsche Entscheidungen und beschreiten falsche Wege.

In den letzten Tagen vor Weihnachten sagte mein Hausmädchen zu einer Verkäuferin in einem der großen Kaufhäuser: „Das ist heute wohl Ihr stressigster Tag." Die Angestellte erwiderte: „Oh, nein! Am meisten Arbeit haben wir am Tag *nach* Weihnachten, wenn die Leute so viele Sachen wieder zurückbringen."

Hunderte von Leute wählen die falschen Geschenke, weil sie nicht auf die Hinweise ihrer Intuition hören.

Was immer Sie auch tun, bitten Sie um Führung. Das erspart Ihnen Zeit und Energie und oft ein Leben in Elend.

Alles Leiden resultiert aus der Missachtung der Intuition. Solange nicht die Intuition das Haus baut, arbeiten die vergeblich, die es bauen.

Machen Sie es sich *zur Gewohnheit, sich von Ihrem Gefühl und Ihren Ahnungen leiten zu lassen,* dann bleiben Sie immer auf dem magischen Pfad.

„Und es wird geschehen: ehe sie rufen, werde ich antworten; während sie noch reden, werde ich hören."

Wenn wir mit dem Spirituellen Gesetz wirken, lassen wir etwas Wirklichkeit werden, das bereits vorhanden ist. Es existiert im Universellen Bewusstsein als Idee, kristallisiert sich aber erst durch einen ernsthaften Wunsch in der äußeren Welt.

Die Idee eines Vogels war ein perfektes Bild im göttlichen Bewusstsein; die Fische übernahmen die Idee und wünschten sich, Vögel zu werden.

Verleihen Ihre Wünsche Ihnen Flügel? *Wir sollten alle einige Dinge Wirklichkeit werden lassen, die scheinbar unmöglich sind.*

Eine meiner Affirmationen lautet: „*Das Unerwartete geschieht, Gutes, das scheinbar unmöglich ist, wird Wirklichkeit.*"
Vergrößern Sie nicht Hindernisse, sondern den Herrn, also Gottes Macht.
Ein Durchschnittsmensch beschäftigt sich vor allem und ausführlich mit Hürden und Hindernissen, die verhindern, dass das gewünschte Gute geschieht.
Sie verbinden sich mit dem, worauf Sie Ihre Aufmerksamkeit richten. Wenn Sie also Hindernissen und Hemmnissen Ihre ungeteilte Aufmerksamkeit widmen, werden diese schlimmer und schlimmer.
Schenken Sie Gott Ihre ungeteilte Aufmerksamkeit. Sagen Sie immer, wenn Sie vor Hindernissen stehen, still für sich: „*Gottes Wege sind genial und seine Methoden sicher!*"
Gottes Macht ist unbezwingbar (wenn auch unsichtbar). „Rufe zu mir, und ich will dir antworten und will dir große und unerreichbare Dinge kundtun, die du nicht weißt."[114]
Wenn wir unsere Wünsche Wirklichkeit werden lassen wollen, müssen wir ignorieren, was ihrer Verwirklichung entgegen zu stehen scheint. „Richtet nicht nach dem Schein, sondern richtet ein gerechtes Gericht."[115]
Wählen Sie ein Statement, das Ihnen ein Gefühl von Zuversicht gibt. „*Der lange Arm Gottes streckt sich über Menschen und Umstände aus. Er kontrolliert meine Situation und schützt meine Interessen!*"
Ich wurde gebeten, das Wort für einen Mann zu sprechen, dem ein geschäftliches Gespräch mit einer scheinbar skrupellosen Person bevorstand. Ich wählte das genannte Statement, und das Gespräch steuerte ab dem Moment, in dem ich das Wort sprach, auf ein korrektes und gerechtes Ergebnis zu.

---

114 Jeremia 33,3 – Elberfelder Bibel 1905
115 Johannes 7,24 – Elberfelder Bibel 1905

Wir haben alle das Zitat aus den Sprüchen gehört: „Lang hingezogenes Harren macht das Herz krank, aber eine eingetroffene Wunscherfüllung ist ein Baum des Lebens."[116]

Wenn wir uns ernsthaft und ohne Angst etwas wünschen, holen wir das ein, wonach wir verlangen und unser Wunsch kristallisiert sich in der äußeren Welt. „Ich werde dir die redlichen Wünsche deines Herzens erfüllen."

Selbstsüchtige Wünsche und solche, die anderen schaden, kehren immer zum Nachteil des Wünschenden zurück.

Einen redlichen Wunsch kann man als Echo des Unendlichen bezeichnen. Er ist bereits als perfekte Idee im göttlichen Bewusstsein vorhanden.

Alle Erfinder holen die Ideen der Geräte ein, die sie erfinden. In meinem Buch *Das Lebensspiel und wie man es spielt* sage ich: „Das Telefon hat Graham Bell[117] gesucht."

Oft machen zwei Leute dieselbe Erfindung zur gleichen Zeit. Sie haben sich auf dieselbe Idee eingestimmt.

Das Wichtigste im Leben ist, den göttlichen Plan wirken zu lassen.

So wie das Bild der Eiche in der Eichel steckt, ist das göttliche Design Ihres Lebens in Ihrem Überbewusstsein angelegt, und Sie müssen daran ausgerichtet die perfekten Muster für Ihre Angelegenheiten ausarbeiten. Wenn Ihnen das gelingt, werden Sie ein magisches Leben führen, denn im göttlichen Design sind alle Umstände auf dauerhafte Perfektion angelegt.

Menschen widersetzen sich dem göttlichen Design, wenn sie ignorant darauf verzichten, Ihr eigenes Wohl anzustreben.

Vielleicht hätte die Frau, die gerne den ganzen Tag im Bett lag und Zeitschriften las, stattdessen für Magazine schreiben sollen. Aber ihre

---

116 Sprüche 13,12 – Elberfelder Bibel 1905
117 Alexander Graham Bell (1847 – 1922) – britischer und später US-amerikanischer Sprechtherapeut, Erfinder und Großunternehmer

Bequemlichkeit, die ihr zur festen Gewohnheit geworden war, hatte jeden Wunsch voranzukommen erstickt.

Die Fische, die sich Flügel wünschten, waren wach und lebendig. Sie verbrachten ihre Tage nicht im Bett des Ozeans, und lasen die Vogue und Harper's Bazaar.

Erwacht, die ihr im Schlafe liegt, und holt euer Gutes ein!

„Rufe zu mir, und ich will dir antworten und will dir große und unerreichbare Dinge kundtun, die du nicht weißt."

Ich hole jetzt mein Gutes ein,
denn ehe ich rief, erhielt ich Antwort.

Flüsse in der Wüste

„Siehe, ich wirke Neues; jetzt sproßt es auf; werdet ihr es nicht erfahren? Ja, ich mache durch die Wüste einen Weg, Ströme durch die Einöde."[118]

In Kapitel 43 des Buches Jesaja finden sich viele wundervolle Aussagen, die die unbezwingbare Macht der Höchsten Intelligenz illustrieren, die dem Menschen in Not zu Hilfe kommt. *Egal, wie hoffnungslos eine Situation erscheint, die Unendliche Intelligenz kennt einen Weg, ihr zu entkommen.*

Wenn er mit der Kraft Gottes wirkt, wird der Mensch frei von Konditionierungen und Beschränkungen. Lassen Sie uns die verborgene Kraft realisieren, auf die wir in jedem Moment zugreifen können.

Nehmen Sie Kontakt zur Unendlichen Intelligenz (Gott im Inneren) auf. Dann verschwindet jeder Anschein von Unheil, weil es durch eingebildete Trugbilder des Menschen entstanden ist.

In meinen Fragen- und Antworten-Kursen werde ich oft gefragt: „Wie stellt man einen bewussten Kontakt zu dieser unbezwingbaren Macht her?"

Darauf antworte ich: „Durch Ihr Wort." „Denn aus deinen Worten wirst du gerechtfertigt werden."

Der römische Hauptmann sagte zu Jesus Christus: „Aber sprich nur ein Wort, so wird mein Knecht gesund."[119]

„Wer des Herrn Namen anrufen wird, der soll errettet werden."[120]
Beachten Sie das Word „anrufen": Sie rufen den Herrn oder das Ge-

---

118 Jesaja 43,19 – Elberfelder Bibel 1905
119 Lukas 7,7
120 Joel 2,32 – Luther-Bibel 1912

setz an, wenn Sie eine Affirmation der Wahrheit sprechen.

Wählen Sie, wie ich das immer empfehle, ein Statement, bei dem es „klickt", was bedeutet, dass es Ihnen ein Gefühl von Gewissheit gibt.

Viele Menschen sind versklavt von Ideen des Mangels: Mangel an Liebe, Mangel an Geld, Mangel an Gemeinschaft und Zusammenhalt, Mangel an Gesundheit, und so weiter.

Sie sind versklavt von der Ideen der Beeinträchtigung und Unvollständigkeit. Sie sind in Adams Traum gefangen: Adam (exemplarischer Mensch) aß von „Maya, dem Baum der Illusion" und sah danach zwei Mächte: eine gute und eine üble.

Die Mission von Christus war es, die Menschen wachzurütteln für die Wahrheit der einen Macht: Gott. „Erwacht, die ihr im Schlafe liegt."

Wenn es Ihnen an etwas Gutem mangelt, liegen Sie, was Ihr Wohl betrifft, noch immer im Schlaf.

Wie erwacht man aus Adams Traum der Gegensätze, nachdem wir jahrhundertelang tief und fest in dieser kollektiven Vorstellungswelt der Menschheit geschlafen haben?

Jesus Christus sagte: „Wo zwei unter euch einig werden, so soll es geschehen."[121] Dies ist das Gesetz der Übereinkunft.

Es ist beinahe unmöglich das Gute für sich selbst mit Klarheit zu sehen. Deshalb kann die Unterstützung durch Heiler, Therapeuten oder Freunde erforderlich werden.

Viele erfolgreiche Männer sagen, sie hätten ihren Erfolg erzielt, weil ihre Frau an sie glaubte.

Ich zitiere aus einer aktuellen Tageszeitung, die Walter P. Chryslers[122] Wertschätzung für seine Frau wiedergibt: „Nichts", sagte er einmal,

---

121 In Anlehnung an: Matthäus 18,19
122 Walter Percy Chrysler (1875 – 1940) – US-amerikanischer Automobil-Pionier und Gründer des internationalen Automobilunternehmens Chrysler Corporation

„hat mir mehr Erfüllung im Leben gegeben, als die Art, wie meine Frau von Anfang an und über all die Jahre an mich glaubte." Chrysler schrieb über sie: „Es schien mir, als ob ich niemandem außer Della verständlich machen konnte, dass ich ehrgeizig war und hochgesteckte Ziele hatte. Mit ihr konnte ich darüber reden und sie nickte dazu. Ich meine mich zu erinnern, dass ich sogar gewagt habe, ihr zu erzählen, dass ich vorhatte, eines Tages ein Meistermechaniker zu werden." Sie stand immer hinter ihm und bestärkte ihn in seinem Ehrgeiz.

Reden Sie über Ihre Pläne und Vorhaben möglichst wenig und wenn überhaupt, dann nur mit Leuten, die Sie ermutigen und inspirieren. Die Welt ist voll von „nassen Decken", von Leuten, die Ihnen ständig sagen: „Das ist nicht möglich", und dass Sie Ihre Ziele zu hoch stecken.

Wenn Leute in Wahrheitstreffen oder Gottesdiensten zusammen sitzen, öffnet oft ein Wort oder eine Idee einen Weg durch die Wüste.

Natürlich spricht die Bibel von Bewusstseinszuständen. Sie stecken in der Wildnis oder einer Wüste fest, wenn Sie aus der Harmonie geraten – wenn Sie wütend, gereizt, ängstlich oder unentschlossen sind. Unentschlossenheit, die Unfähigkeit, sich eine klare Meinung zu bilden, ist oft die Ursache mangelnder Gesundheit.

Als ich eines Tages im Bus fuhr, hielt eine Frau ihn an und fragte den Fahrer nach dem Fahrtziel. Er nannte es ihr, aber sie war unentschlossen. Sie stieg halb ein, dann aus, dann wieder ein. Der Busfahrer wandte sich zu ihr und sagte: „Meine Dame, entscheiden Sie sich!"

So ist es mit vielen Menschen: „Meine Damen, entscheiden Sie sich!"

Eine intuitive Person ist niemals unentschlossen. Sie erhält Hinweise, hat Ahnungen und schreitet mutig voran in der festen Überzeugung, dass sie sich auf dem magischen Pfad befindet.

Wer in der Wahrheit lebt, bittet um eindeutige Hinweise, was er tun soll. Sie werden immer Hinweise erhalten, wenn sie darum bitten. Manchmal kommen sie als Intuition, manchmal aus der äußeren Welt.

Eine meiner Schülerinnen namens Ada spazierte eine Straße entlang, unentschlossen, ob sie zu einem bestimmten Ort gehen sollte oder nicht. Sie bat um einen Hinweis. Zwei Frauen gingen vor ihr her. Eine der beiden wandte sich der anderen zu und sagte: „Wieso gehst du nicht, Ada?" – der Name dieser Frau war zufällig auch Ada. Meine Freundin nahm das als einen Hinweis und ging zu dem Ort, und das Ergebnis war ein Erfolg.

Wir führen ein wirklich magisches Leben, geleitet und versorgt bei jedem Schritt, *wenn wir Ohren haben, die hören, und Augen, die sehen.*

Natürlich haben wir die Ebene des Intellekts verlassen und schöpfen aus dem Überbewusstsein, Gott im Inneren, das uns sagt: „Dies ist der Weg; den gehet."[123]

Was immer Sie wissen sollten, wird Ihnen offenbart werden. Woran es Ihnen mangelt, Sie werden damit versorgt werden! „So spricht der Herr, der im Meer Weg und in starken Wassern Bahn macht."[124]

„Gedenket nicht des Früheren, und über die Dinge der Vorzeit sinnet nicht nach!"[125]

Menschen, die in der Vergangenheit leben, haben ihren Kontakt zum wundervollen Jetzt gekappt. Doch Gott kennt nur das Jetzt; „jetzt ist die bestimmte Zeit, heute ist der Tag".

Viele Leute leben ein Leben voller Beschränkungen. Sie horten und sparen und haben Angst, zu nutzen was sie haben, was zu noch mehr Mangel und Begrenztheit führt.

---

[123] Jesaja 30,21 – Luther-Bibel 1912
[124] Jesaja 43,16 – Luther-Bibel 1912
[125] Jesaja 43,18 – Elberfelder Bibel 1905

Eine Frau, die in einer kleinen ländlichen Stadt lebte, mag als Beispiel dienen. Sie kam kaum zurecht und hatte sehr wenig Geld. Eine nette Freundin ging mit ihr zu einem Optiker und schenkte ihr eine Brille, mit der sie wieder perfekt sehen konnte. Einige Zeit später traf die Freundin diese Frau auf der Straße ohne ihre Brille. Sie rief verblüfft: „Wo ist denn deine Brille?"

Die Frau antwortete: „Du glaubst doch nicht im Ernst, dass ich die Brille abnutze, indem ich sie jeden Tag aufsetze, oder? Ich trage sie nur an Sonntagen."

Sie müssen im Jetzt leben und hellwach nach Gelegenheiten Ausschau halten.

„Denn siehe, ich will ein Neues machen; jetzt soll es aufwachsen, und ihr werdet's erfahren, dass ich Weg in der Wüste mache und Wasserströme in der Einöde."[126]

Diese Botschaft richtet sich an das Individuum: Denken Sie an Ihr Problem und seien Sie gewiss, dass die Unendliche Intelligenz den Weg zur Lösung kennt. Ich sage „den Weg", weil Sie die Antwort schon erhalten, bevor sie gerufen haben. *Die Versorgung geht dem Bedarf immer voran.*

Gott ist der Geber und die Gabe und schafft jetzt seine eigenen erstaunlichen Kanäle.

Wenn Sie darum gebeten haben, dass sich der Göttliche Plan in Ihrem Leben manifestiert, sind Sie davor geschützt, Dinge zu bekommen, die nicht in dem Plan vorgesehen sind.

Sie denken vielleicht, all Ihr Glück würde davon abhängen, dass Sie eine bestimmte Sache im Leben erlangen. Irgendwann später loben Sie womöglich den Herrn, dass es nicht geklappt hat.

Manchmal sind Sie versucht, dem denkenden Verstand zu folgen und hadern mit Ihren intuitiven Hinweisen. Da schubst Sie die Hand des

---

126 Jesaja 43,19 – Luther-Bibel 1912

Schicksals plötzlich an die richtige Stelle, und Sie landen unter Gnade wieder auf dem magischen Pfad.

Sie sind jetzt hellwach, was Ihr Wohl betrifft. Sie haben die Ohren, die hören (Ihre intuitiven Hinweise) und die Augen, die die offene Straße zur Erfüllung sehen.

Das Genie in mir ist freigesetzt.
Ich erfülle jetzt meine Bestimmung.

Die tiefere Bedeutung von Schneewittchen

Ich wurde gebeten, „Schneewittchen und die sieben Zwerge", ein Märchen der Gebrüder Grimm, aus metaphysischer Sicht zu interpretieren.

Es ist erstaunlich, wie dieser Film, ein Märchen, dank der Genialität von Walt Disney[127] das anspruchsvolle New York und das ganze Land faszinierte.

Der Märchenfilm war eigentlich für Kinder gedacht, aber die Kinos waren voll mit Männern und Frauen. Das liegt daran, dass Märchen von uralten Legenden aus Persien, Indien und Ägypten abstammen, die auf der Wahrheit beruhen.

Schneewittchen, die kleine Prinzessin, hat eine grausame Stiefmutter, die auf sie eifersüchtig ist. Diese Vorstellung von der bösartigen Stiefmutter spielt auch in „Aschenputtel" eine gewichtige Rolle.

Beinahe jeder hat eine grausame Stiefmutter. *Die grausame Stiefmutter ist eine negative Gedankenform, die Sie in Ihrem Unbewussten gebildet haben.*

Schneewittchens grausame Stiefmutter ist eifersüchtig auf das Mädchen. Sie kleidet es immer in Lumpen und hält es im Hintergrund.

Das tun alle Gedankenformen.

Die grausame Stiefmutter befragt täglich ihren Zauberspiegel und sagt: „Spieglein, Spieglein an der Wand, wer ist die Schönste im ganzen Land?"

Eines Tages antwortet der Spiegel: „Frau Königin, Ihr seid die Schönste hier, aber Schneewittchen ist tausendmal schöner als Ihr."

Das ärgert die Königin so, dass sie beschließt, Schneewittchen von einem ihrer Diener in den Wald führen und dort töten zu lassen. Doch

---

127 Walter Elias „Walt" Disney (1901 - 1966) – US-amerikanischer Filmproduzent

als Schneewittchen um ihr Leben bettelt, schmilzt das Herz des Dieners, und er lässt das Mädchen am Leben, aber allein im Wald zurück. Dort wimmelt es von furchteinflößenden Tieren, Wildgruben und anderen Gefahren. In ihrer Angst legt Schneewittchen sich auf den Waldboden nieder und während sie da liegt, präsentiert sich ihr ein höchst ungewöhnliches Schauspiel.

Zahllose niedliche Tiere und Vögel tauchen von überall her auf und umringen sie: Hasen, Eichhörnchen, Rehe, Waschbären und viele mehr. Schneewittchen schlägt die Augen auf und begrüßt die Tiere mit Freude; sie sind alle so freundlich und reizend.

Schneewittchen erzählt ihnen ihre Geschichte und die Tiere geleiten sie zu einem kleinen Haus, in dem sie sich sogleich heimisch fühlt. *Die freundlichen Vögel und Tiere symbolisieren unsere intuitiven Hinweise und Ahnungen, die ständig bereit sind, uns „aus dem Wald zu führen".*

Es stellt sich heraus, dass das Haus das Heim der sieben Zwerge ist. Weil darin arge Unordnung herrscht, beginnen Schneewittchen und ihre Freunde, aufzuräumen und sauber zu machen. Die Eichhörnchen wischen mit ihren Schwänzen Staub, die Vögel hängen Dinge auf und benutzen das Geweih des kleinen Rehs als Hutständer. Als die sieben Zwerge nach der Arbeit in der Goldmine nach Hause kommen, stellen sie die Veränderung fest und finden schließlich Schneewittchen, die in einem ihrer Betten schläft.

Am Morgen erzählt sie ihnen ihre Geschichte und bleibt bei ihnen, um den Haushalt zu führen und Essen zu kochen. Sie ist sehr glücklich. *Die sieben Zwerge symbolisieren die schützenden Mächte rings um uns.*

In der Zwischenzeit befragt die grausame Stiefmutter erneut den Spiegel, und diesmal antwortet er: „Frau Königin, Ihr seid die Schönste hier, aber Schneewittchen über den Bergen bei den sieben Zwergen ist noch tausendmal schöner als Ihr."

Das bringt die Königin zur Weißglut und sie macht sich, als alte Hexe verkleidet und mit einem vergifteten Apfel in der Tasche, auf die Suche nach Schneewittchen. Sie findet das Mädchen im Haus der sieben Zwerge und bietet ihr den leckeren großen roten Apfel an.

Die Vögel und die anderen Tiere versuchen, Schneewittchen *eine Ahnung davon zu vermitteln*, dass der Apfel gefährlich ist und sie ihn auf keinen Fall anrühren soll.

Aufgeregt huschen sie um das Mädchen herum, bemüht sie zu warnen. Doch Schneewittchen kann dem verlockenden Apfel nicht widerstehen. Sie beißt hinein und fällt wie tot zu Boden.

Rasch eilen die die kleinen Vögel und die anderen Tiere los, um die sieben Zwerge zur Rettung des Mädchens zu holen. Doch die Zwerge kommen zu spät; Schneewittchen liegt leblos auf der Erde.

Bestürzt und traurig senken sie die kleinen Köpfe. Da taucht plötzlich der Prinz auf. Er küsst Schneewittchen und das Mädchen erwacht wieder zum Leben. Die beiden heiraten und leben glücklich bis an ihr Lebensende. Die Königin, die grausame Stiefmutter, wird von einem fürchterlichen Sturm davon geweht.

Die alte Gedankenform ist aufgelöst und für immer verschwunden. Der Prinz symbolisiert den göttlichen Plan für Ihr Leben. Wenn er Sie aufweckt, leben Sie glücklich bis an Ihr Lebensende.

Dies ist das Märchen, das New York und das gesamte Land begeistert und bezaubert hat.

Finden Sie heraus, welche Form der Tyrannei die grausame Stiefmutter in Ihrem Unbewussten angenommen hat. Es ist eine negative Überzeugung, die sich auf alle Ihre Angelegenheiten und Lebensumstände auswirkt.

Wir hören Leute sagen: „Gutes erreicht mich immer zu spät." „Ich habe so viele Gelegenheiten verpasst!" Wir müssen diese Gedanken

umdrehen und uns immer wieder sagen: *„Ich bin hellwach, was mein Gutes betrifft, und verpasse keine Gelegenheit."*
Wir müssen die trostlosen Suggestionen der grausamen Stiefmutter übertönen. Immerwährende Wachsamkeit ist der Preis für die Freiheit von diesen negativen Gedankenformen.

Nichts kann die Verwirklichung des Göttlichen Plans für mein Leben verhindern oder verzögern.

Das Licht der Lichter strahlt auf meinen Lebensweg und offenbart die freie Bahn zur Erfüllung!

Über die Autorin

Florence Scovel Shinn wurde am 24. September 1871 in Camden (New Jersey, USA) geboren. Ihre Schul- und Studienzeit verbrachte sie in Philadelphia (Pennsylvania), wo sie an der *Pennsylvania Academy of the Fine Arts* studierte und nebenbei ihren zukünftigen Ehemann, den Künstler Everett Shinn kennenlernte.

Nach ihrer Heirat zogen die beiden gemeinsam nach New York, wo sie in einem Studio-Apartment lebten. Everett baute gleich nebenan ein kleines Theater für Florence und schrieb drei Stücke, in denen sie jeweils eine Hauptrolle spielte. Parallel dazu arbeitete Florence als erfolgreiche Illustratorin, die vor allem Kindermagazine und -bücher bebilderte.

1912 erfuhr ihr Leben einen deutlichen Einschnitt, als ihr Ehemann sich von ihr trennte und scheiden ließ.

Die gescheiterte Ehe veranlasste Florence, ihr Leben gründlich zu überdenken und neu zu bewerten. Auf der Suche nach Antworten stieß sie auf die New Thought-Bewegung, von der sie so angetan war, dass sie nach kurzer Zeit New Thought-Lehrerin wurde und Kurse und Seminare leitete.

1925 veröffentlichte sie ihr erstes Buch *The Game of Life and How to Play It* (Das Lebensspiel und wie man es spielt) – in Eigenregie, weil sie erst einmal keinen Verlag dafür fand.

1928 veröffentlichte sie unter dem Titel *Your Word is Your Wand* ihr zweites Buch. Das dritte und offiziell letzte erschien 1940, kurz vor ihrem Tod: *The Secret Door to Success* (Die verborgene Tür zum Erfolg).

Alle drei Bücher verbindet eine zentrale Aussage: dass der Mensch mit seinen Gedanken und Worten nicht nur seine innere Befindlichkeit, sondern seine Lebensumstände in der äußeren Welt beeinflusst und verändert – entweder bewusst oder unbewusst und dem vermeintlichen Zufall ausgeliefert.

Florence Scovel Shinn vermittelt das Wissen, wie sich das Leben bewusst gestalten lässt, auf simple Weise und in einem Rahmen, der für den Leser nachvollziehbar und glaubwürdig ist.

2012 tauchte überraschend ein bis dato unveröffentlichtes Manuskript eines weiteren Werks der Autorin auf, das ein Antiquar dem Hay House-Verlag[128] in den USA anbot.

Louise Hay, die Gründerin des Verlags, ist eine erklärte Anhängerin von Florence Scovel Shinn, seit sie 1972 auf das Buch *The Game of Life and How to Play It* stieß und durch die Lektüre ihren Zugang zur Welt der Metaphysik fand, der ihr beides brachte: persönliche Erfüllung und materiellen Wohlstand.

Kein Wunder also, dass Hay House die Gelegenheit nur zu gerne beim Schopf packte, und das Manuskript im Jahr 2013 unter dem Titel *The Magic Path of Intuition* posthum veröffentlichte.

Florence Scovel Shinn starb am 17. Oktober 1940.

Auch über siebzig Jahre nach ihrem Tod, sind ihre Ansichten und Vorstellungen heute noch aktuell und lebendig. Viele bekannte spirituelle Autor(inn)en und Lehrer(innen) unserer Tage sind erklärt oder offenkundig von Florence Scovel Shinns Werken und dem darin vermittelten Weltbild beeinflusst.

---

[128] Hay House: US-amerikanischer Verlag für Selbsthilfe- und New Thought-Literatur, der 1984 von Louise Hay gegründet wurde und inzwischen mit Zweigstellen in Großbritannien, Australien, Indien und Südafrika vertreten ist

Florence Scovel Shinn

„Die meisten Menschen halten das Leben für einen Kampf, doch es ist kein Kampf, sondern ein Spiel. Erfolgreich spielen kann dieses Spiel nur, wer die Regeln kennt."

Florence Scovel Shinn erklärt in ihrem Erstlingswerk diese Regeln mit einfachen Worten und leicht verständlich anhand von Beispielen aus ihrer täglichen Praxis.

Sie verrät Ihnen, wie Sie Ihre persönlichen Lebensumstände nach Ihren Vorstellungen und Wünschen verändern können.

Sie wünschen sich Gesundheit, Wohlstand, Freunde, Liebe, ein sinnvolleres Leben? Wenn Sie die einfachen spirituellen Regeln beachten, die Ihnen dieses Buch vermittelt, ist alles möglich!

Das Lebensspiel und wie man es spielt

Der Klassiker **The Game of Life and How to Play It** der bekannten New Thought-Autorin **Florence Scovel Shinn** in neuer deutscher Übersetzung

BoD
Softcover: 978-3-8423-4873-8 – Hardcover: 978-3-7386-2581-3
E-Book: 978-3-8448-5776-4

Edition Weisheiten aus Jahrtausenden

Mit seinem Buch *Wie wir denken, so leben wir* (As A Man Thinketh) liefert James Allen nichts Geringeres als einen Schlüssel zu einem selbstbestimmten Leben. Dabei macht er kein Geheimnis daraus, dass er diesen Schlüssel nicht selbst „erfunden" hat. Vielmehr hat er ihn wiederentdeckt: in alten Schriften wie der Bibel und dem Dhammapada (einer Anthologie von Aussprüchen des historischen Buddha), in traditionellen westlichen und östlichen Philosophien und Denkweisen.

Was er schließlich zu Papier brachte, beruhte auf den Erkenntnissen, die er aus diesen Lehren gezogen hat, und vor allem auf seinen persönlichen Erfahrungen. Denn James Allen war alles andere als ein Theoretiker.

Er hat sich kurz gefasst, und das ist ein Vorteil, denn ein Buch wie dieses liest man nicht einmal, sondern mehrmals, bis das vermittelte Wissen sich dem Unbewussten eingeprägt hat und zur verlässlichen Grundlage des eigenen Denkens und Handelns geworden ist. Das ist wichtig, denn erst so kann es seine Wirkung entfalten und zu nachhaltigen Veränderungen führen.

Wie wir denken, so leben wir (As A Man Thinketh)
Klassiker des bekannten Autors **James Allen** in neuer deutscher Übersetzung
BoD – Paperback: 978-3-7322-4960-2 – E-Book: 978-3-7322-2180-6

Vielleicht geht es Ihnen ähnlich, wie vielen Menschen: Sie haben finanzielle Sorgen, die Sie nachts nicht schlafen lassen, und sehnen sich nach Wohlstand. Sie fühlen sich müde und ausgelaugt und wären gerne wieder so fit und voller Energie, wie noch vor ein paar Jahren als Kind. Sie wünschen sich Erfolg, doch Ihre Lebensumstände lassen das einfach nicht zu. Und was auch immer Sie unternehmen, um Ihre Situation zu verbessern, misslingt. Sie sind mit Ihrem Leben unzufrieden. Dabei geht es auch anders – auch für Sie!

James Allen verrät Ihnen in diesem Buch, wie und warum man in widrige Lebensumstände gerät und erklärt, wie man sich aus eigener Kraft daraus befreien kann.

Er zeigt Ihnen, wie Sie sich vom vermeintlichen Spielball des Schicksals zu einer Persönlichkeit entwickeln, die ihre Lebensumstände selbst kontrolliert und steuert.

Wenn Sie Ihr Leben verändern wollen, ist heute der beste Tag, damit zu beginnen. Nehmen Sie James Allens Einladung an und folgen Sie ihm auf dem Weg zu Glück und Wohlstand.

Der Weg zu Glück und Wohlstand (The Path of Prosperity)
Klassiker des bekannten Autors **James Allen** in neuer deutscher Übersetzung
BoD – Paperback: 978-3-7347-5725-9 – E-Book: 978-3-7392-5964-2